希臘史

歐洲文明的起源

劉增泉——編著

三民書局

增訂三版序

通過歐考後，1985年7月5日搭乘新加坡航空公司到新加坡轉機，在飛機上坐在旁邊的一位先生問我要去哪裡？我告訴他要到法國留學，但心裡忐忑不安，巴黎沒有認識人，沒有人接機，自己要先去住青年旅館再找房子安定下來。鄰座叫韓國鐄，北伊利諾大學西洋音樂史教授，應臺北藝術大學馬水龍教授之邀客座，到新加坡採集民族音樂。他說初到美國留學的時候，也是坐了二十多小時的飛狗巴士才到學校，年輕人要有敢闖的精神，將來你會和我一樣。下飛機後還特別帶我去搭往市區的巴士。他在飛機上講很多話，但我只聽進去一句話，那就是將來你會和我一樣。

臺灣和法國沒有外交關係。留學簽證送件後還得通過法國駐香港領事館辦理，旅行社建議到新加坡再辦理就可以，結果法國簽證出了問題，被要求回臺北送件。若返回臺灣，需返回馬祖服務，所有的希望、前途將化為泡影。再想到父母親對自己的期望，不禁落淚，此刻的我像一隻無頭蒼蠅不知飛向何處。未來真是一片黑暗，看不到一絲光線！在新加坡停留二個星期後，我毅然決定到另外一個完全陌生的國度——希臘。7月20日，我拎著二大件行李，孤單地坐上希臘奧林匹克航空公司飛往雅典的班機。轉到希臘的原因，是我選擇研究古希臘、古羅馬歷史。我的第一志

願是巴黎大學 (Université Paris IV Sorbonne)，第二志願雅典大學。我明白未能實現目標，並不意味著失敗。它只是意味著某些事情是錯誤的，我需要改變策略，需要改變方法，需要改變到法國的管道。

　　到了雅典放眼望去心茫茫！不知在何處落腳，我打了一通越洋電話給臺北的室友，他說找 YMCA Hotel 會比較便宜，又給了臺灣在雅典代表處的電話號碼。就這麼簡單的資訊開始了勇闖雅典奇妙旅程。

　　出機場大廳叫了一部計程車，跟司機談好去 YMCA Hotel，只見那老兄在雅典繞呀繞！就是找不到 YMCA Hotel！因為我沒有 YMCA 地址。最後終於找到目的地，結果卻是 YMCA 補習班，此時已經在車上折騰二個多小時，我的荷包大失血，那老兄無奈之餘，幫我換到另一部計程車上，但還是找不到，最後那位希臘司機只好帶我去市中心四星級酒店，也只好忍痛入住了。看看時間是中午一點，於是決定到市區逛逛。很奇怪的是鬧區裡竟然都沒有人，而且這一天還是星期天，在臺北的西門町這個時間都是滿滿的人潮。正在納悶時，看到一個東方面孔的人走了過來，問他來自哪裡，他告知是新加坡華人，目前在英國留學，暑假自己一個人來希臘旅行。於是我們相偕而行，他告訴我希臘人早上是九點到中午一點上班，下午上班時間是三點到七點，我恍然大悟街上沒人的原因。他問我住的酒店價錢？我告訴他一天四十元美金。他提供一個資訊，雅典火車站旁的旅館一天只要五元美金，問我要不要搬到那邊去住。第二天早上他到酒店幫我搬行李，同

時幫忙打電話給臺灣代表處。一位女士的聲音，問有什麼事情，告知是來自臺灣的留學生，請求協助，結果她以非常驚訝的口吻連續問了三遍，確定之後，她即坐計程車趕往我的酒店，此時我像吃了一顆定心丸。這位張曉妮小姐可說是我的大貴人，她告訴我有一位張康世鳳女士在雅典開了二家高級中餐廳，她是希臘僑領，非常熱心，隨即她給了我一張中華飯店的名片。張康世鳳女士，大家給她很親切的稱呼——張媽媽。她是北平人，一口京片子和流利的英文，身材中等，談吐優雅且精明能幹，她先生是駐約旦武官，常常有一些家庭聚會，朋友們見她燒得一手好菜乃慫恿她開一間餐館，後來她先生退休，來到了雅典，在代表處的介紹下認識了希臘文流利的張步仁先生。張步仁是文化學院講師，他拿希臘政府獎學金在雅典大學攻讀博士學位，後來留在雅典做導遊，張媽媽需要一位精通希臘文的幫手，於是給了他乾股並收他為乾兒子。中華飯店的生意非常好，於是又開了另一間張園中餐廳。

　　我在中華飯店打工，吃住暫時無慮，但這不是目的地。數天後，和張曉妮小姐一起去了法國駐希臘領事館，法國職員說簽證需回臺灣辦理。一陣的徬徨，我似乎只剩下一條路，和張步仁一樣留在希臘，等十月初開學就到雅典大學報到。飯店裡有一位經理和會計，都是臺灣來的，他們對我很好也很照顧，透過他們介紹，也結交不少臺灣來的朋友。有一位淡江大學法文系畢業的女生，從巴黎來到雅典，在中華飯店高談巴黎情況，對我簽證被拒絕深表同情，我真恨不得馬上坐飛機到巴黎。飯店有一位越南人

跑堂，一次閒聊中他說：「你是留學生，是有未來的，而我沒有未來！」這句話讓我感覺自己還是幸運的，雖然眼前碰到挫折，但終會否極泰來。有一個希臘大跑堂叫 Nike，他很像石膏像上的蘇格拉底，每次有臺灣旅行團來的時候，張步仁就會跟他們介紹蘇格拉底 Nike，大家都搶著跟他合照。即然去不了法國，我在滯留雅典期間便去慕名已久的蘇格拉底監獄參觀。它位在菲洛帕波山的斜坡上，兩旁有茂密松樹，據說這是蘇格拉底在西元前 399 年審判前被囚禁的地方。二戰期間，雅典衛城和國家考古博物館的文物藏在這裡，以保護他們免受納粹的掠奪。

蘇格拉底生活在從雅典霸權的高峰過渡到衰落的過程中，被斯巴達及其盟友在伯羅奔尼撒戰爭中擊敗。在雅典尋求穩定和從失敗中恢復過來的時候，雅典公民可能一直對民主作為一種有效的政府形式表示懷疑。蘇格拉底似乎是對民主的批判，有些學者認為他的審判是政治內鬥的表現。

研究希臘歷史能夠親歷其境，對於我而言是可遇不可求的！幾個重要的古蹟不再是書本上文字敘述，在這裡吃住都省了下來，還可以賺一些零用錢，我用最便宜的方式遊遍了希臘，包括德爾菲、邁錫尼、科林斯、愛琴海上的小島等。

餐館打工的日子很快的過去，我還是沒有放棄去法國留學的目標，九月初再次到法國領事館申請簽證，又是同一個人，我的心情好沮喪，但萬萬沒想到他告訴我到指定醫院體檢再來拿赴法的簽證。人生真的很奇妙，很多事情是你意想不到的，我的目標很明確，就是要唸世界一流的大學，拿到簽證就離成功目標不遠

了，惶恐不安的情緒也一掃而去。是故希臘和我有說不出的情感，撰寫一部完整希臘歷史乃成為我畢生之職志。此也是撰寫這部書的動機。

希臘人稱呼自己為 Hellenes；我們的術語 Greece 來自他們的羅馬征服者。從西元前八世紀開始，殖民化使講希臘語的人遍布整個地中海，從黑海、土耳其到北非、義大利、法國和西班牙，就像「池塘周圍的青蛙」（出自柏拉圖）。

西元前五世紀，希臘人將自己組織成獨立的城邦國家，如雅典、斯巴達、以弗所、拜占庭和馬賽等。每一個城邦都有自己的法律、方言、貨幣和政府。他們非常獨立，為了統治而相互鬥爭，並在內部產生不同體制間的對抗（如僭主、民主、寡頭政治）。西元前四世紀，北部的馬其頓在其國王菲利二世和兒子亞歷山大的統治下取得了短暫的控制權，但在西元前 323 年亞歷山大去世後，希臘半島在馬其頓總督的統治下分裂成數個聯盟。激進的、直接的民主在那一刻死去，永遠不會恢復。

西元前二世紀，希臘的大陸成為羅馬帝國的一部分，小亞細亞和其他地方的希臘城邦也隨之被收入羅馬帝國版圖。這些地區繼續維持獨立自主，但受到羅馬人的嚴密監督。亞歷山大的征服使羅馬向東擴張變得更加容易，亞歷山大將城邦風格的文化、行政管理和城市生活引進了東方，直至今日的阿富汗。

希臘語遍布地中海，在羅馬，比起拉丁語，甚至更常聽到希臘語。福音作者和聖保羅非常清楚，如果他們想傳播福音，他們必須用希臘語寫作。羅馬人吸收了希臘的文化——文學、歷史、

哲學和建築——並將希臘文化作為其教育體系的核心特徵，使得希臘的文化成就一路傳遞到了今天的我們手上。

　　到了西元四世紀，羅馬帝國顯然變得太龐大而無法集中控制。324 年，羅馬皇帝君士坦丁實際上將帝國一分為二，東半部以希臘拜占庭為中心，改名為君士坦丁堡（今伊斯坦堡）。當西羅馬帝國在五世紀日耳曼入侵的影響下崩潰時，君士坦丁堡成為羅馬帝國的新中心，被稱為拜占庭帝國。

　　西方帝國的崩潰在東方引起了一些動亂，但拜占庭人逐漸恢復了對希臘的控制，直到 1204 年法蘭克十字軍（西歐人）對君士坦丁堡進行肆虐襲擊。法蘭克人分裂了希臘，但他們之間以及對塞爾維亞人、阿爾巴尼亞人和土耳其人的戰爭致命地削弱了他們。1453 年 5 月 29 日，君士坦丁堡落入鄂圖曼土耳其侵略者的手中，他們一直掃蕩舊拜占庭帝國的剩餘領土，近四百年來希臘一直處於鄂圖曼土耳其控制之下。

　　到了十九世紀，這個鄂圖曼土耳其帝國在經濟上已處於崩潰邊緣，1821 年 3 月 25 日，希臘宣布獨立。當法國、英國和俄羅斯威脅要干涉土耳其人時，土耳其人投降了。希臘利用各種手段將其領土擴展到愛奧尼亞群島、色薩利 (Thessaly)、馬其頓、克里特和愛琴海——甚至曾進軍土耳其 (1919–22) 卻災難性地失敗了——，它在 1947 年達到了希臘現在的格局。

　　第二次世界大戰中德國對希臘的占領於 1944 年結束，但共產主義者和西方支持的政府軍之間立即爆發了內戰 (1944–49)，導致希臘政府傾向於西方，但仍然帶有強烈的反西方情緒。

　　1967 年，「上校」軍政府推翻了政府，結束了君主制。1974 年，軍政府政權崩潰，自 1975 年以來，希臘維持著民主政體，一直是個民主共和國。它於 1981 年加入歐盟並於 2001 年通過了歐元。而希臘與土耳其的緊張關係依然存在。

劉增泉

自　序

　　1985 年 7 月初赴希臘，後來轉往法國。對於沒有留在希臘求學一直深感遺憾。然而有一個心願，希望能寫一部希臘史，聊以對希臘的朋友們表達我最高的敬意。尤其希臘代表處的張小玲小姐、僑領張康世鳳女士，對於她們提攜協助永銘在心。

　　本書分為上古、中世紀、近代、現代部分。上古史包含希臘早期的文明、希臘的復興、古典文化等單元。中世紀的希臘則是拜占庭、土耳其的統治時代。近代希臘在獨立戰爭中獲得最後的勝利。現代希臘則百廢待舉，尤其塞浦路斯爭端，讓希臘與土耳其關係更為緊張。

　　希臘是一個文明古國，在其歷史背景中，一直是分裂多過統一。在柏拉圖的世界裡，小國寡民是理想國，「小而美」是各城邦追求的目標。因此「希臘」長期以來僅是地理名詞，非統一的國家。西元前四世紀北方的馬其頓一統希臘，在亞歷山大時期，其疆域擴張到歐亞非三洲，這是古代西方第一個君王向印度進軍，此一盛世一般稱為泛希臘世界，而其廣大的疆域再也沒有任何一個希臘朝代可以取代之，亞歷山大去世之後，希臘的馬其頓王朝即分為四個王國，塞琉卡斯統領東方地區，佩爾加姆是今天的土耳其，馬其頓即原來的希臘地區，托勒密為埃及大部分土地。隨

著羅馬帝國的興起，這些地區也陸續成為其屬地。

　　中世紀和近代的希臘有其悲情的一面，現代的希臘則又恢復了生機。無論在政治經濟上都有相當優異的表現，尤其希臘政府推展無煙囪工業，更是可以做為臺灣的借鑑。即使幾塊石頭、幾根殘柱、甚至海邊的一堆泡沫，希臘人都可以解釋、敘述其優美的故事。觀光客的蜂湧而至是希臘觀光業成功的佐證。希臘人的和善與處處的文化古蹟讓人印象深刻。而愛琴海密可諾島上的白色小屋、深藍色海水也深深的盤繞在我的腦海裡。希臘真是一個值得探索與深度旅遊之地。

　　現代希臘的歷史對我們而言，無疑是陌生的，此主要的原因乃是這方面的資訊實在太少。中小學及大學的教科書裡，其內容也多半是古典希臘的歷史，然而拜占廷帝國時期的希臘、土耳其統治下的希臘、近代希臘以及現代希臘的歷史則較少記載。因此撰寫一部貫穿古今的希臘歷史乃是我長久以來的心願，而三民書局付梓出版更是我撰寫希臘史的動機。本書的順利出版多虧王惠玲老師的協助，同時也感謝編輯部細心的校稿。當然由於個人的才疏學淺，也盼先進多為指正。

劉增泉

書於淡江大學文學院研究室

希臘史
歐洲文明的起源

目　次 | *Contents*

Greece

第 I 篇

古　代

希臘的早期文明

第一節　希臘人與希臘精神

一、希倫人 (Hellenes)

　　希倫人是希臘民族的前身，他們是來自北歐的蠻族（即所謂的印歐民族）後裔，例如愛奧尼亞人 (Ionians)、亞該亞人 (Achaer)、多利安人 (Dorians) 等。這些以游牧為生的蠻族，自稱為希倫人，他們個性相當殘暴乖戾，生活品質低劣，沒什麼文化可言，對待敵人十分殘酷，完全不懂得尊重其他民族的尊嚴與權利。

　　約西元前二十世紀，他們為了謀生，離開自己的家園，一路沿著多瑙河 (River Danube) 南下，進入愛琴海 (Aegean Sea) 一帶，並且移居此地，此時愛琴海沿岸民族所建立的城邦，已有千年之久，無論文化、武力、人民的生活水準等各方面皆優於希倫人，因此希倫人放棄攻擊，而在希臘半島上建立社會體制，不斷地往

內部拓展領域，在數百年後，終於達成移民的最終目的。

二、希臘人

野蠻的希倫人在有了依持的根基後，逐步走向文明的道路，成為我們所稱的「希臘人」。此時的希臘人已懂得務農，並以此維生，但他們的農業知識皆不如愛琴海沿岸的居民，所幸希臘人的智慧很高、學習能力也很強，於是群起仿效愛琴海文化，從他們那裡習得鋼鐵武器的製造、航海及造船技術等各種知識。

當希臘人從愛琴海人學得各種知識後，開始攻擊愛琴海民族，西元前1300年至前1000年之間，希臘人已拓展至整個愛琴海地區，逐漸掌握愛琴海全部島嶼和小亞細亞海岸，其他的印歐民族即佛利金人和亞美尼亞人也從北方入侵小亞細亞，並攻擊他們所建立的城邦，造成帝國瓦解。此時敗北的愛琴海人與克里特人只好被迫離開，進入埃及和敘利亞。

三、希臘人的特點

從古代希臘人所遺留的瓷器、杯盤、浮雕等物品，可以得知古代希臘人的肌肉很發達，四肢非常勻稱，整體的線條相當優美，眼睛頗大，頭髮捲而下垂，鼻子與額齊，構成了希臘人的特點，也是人類肉體最完美的代表。

希臘人特別重視體能訓練，因此在十八歲以前，每個兒童除了學習音樂、文法等課程外，還須接受體能的訓練課程，如搏鬥、賽跑、跳遠、鐵餅、標槍、賽馬等。其目的在培養健康的公民，

以擔負起共同管理城邦的重責大任。因為
重視體格，希臘人常過著一種競爭的生
活，形成一種獨特的個人主義。綜觀希臘
歷史，希臘長期分裂成許多城邦 (Polis)，
因此只有個人意志與城邦意志而缺乏民
族國家意志。

希臘人認為奴隸制度有其存在的必
要，一個社會如果沒有奴隸擔任某些較低
下卑微的工作，自由民 (Eleutheros) 就沒
有更多的閒暇時間從事建設或管理希臘
等重要的工作，如此一來希臘也就無法成
為文明的象徵。由於希臘人的心中時時刻
刻都想著建設希臘，因此他們會盡量克制
物慾而過著簡樸的生活。

圖 1：古希臘人體雕塑

總之，希臘人是個懂得守節度、尚簡樸的民族。他們認為太
過於重視外在的東西，將使人為物慾所奴役，所以必須盡量克制
外在的各項誘惑與慾望，過著簡單、質樸的生活，才能使身心獲
得真正的自由。

四、中庸之道

希臘人嚴守中庸之道，並且依其所建立的社會體制，循規蹈
矩的生活。在希臘人的理想中，秉持節度、不奢華是生活準繩，
此種民族特性表現在男性的服飾或婦女的飾品上，以及生活中的

點點滴滴，皆充分地顯示出和諧的美德。

　　希臘人無論政治家、戲劇家或是運動員，均被要求具備此種中庸之道及尚和諧的美德。他們這種得天獨厚的美德，並非與生俱來，而是與其生活背景及民族性有關，更是其他民族無法模仿的。

五、選賢與能的思想

　　從希臘歷史觀之，統轄市政大權的人物，並非特定的領袖，而是由城邦的公民依照自己的意志所推選出來的賢能智士。此種思想早已根植在希臘人的腦海裡，這也為日後歐洲民主制度奠定基礎。希臘人自幼就在這樣嚴格訓練下，謹守規矩法度，追求理性、完美。他們發展出理想的政治體制，發表典雅的文學、詩歌以及不朽的藝術創作，這都是其他民族所望塵莫及的。在他們高度智慧下所締造的各項奇蹟，更為後人所仿效與讚賞。

六、追求和諧完美的精神

　　對希臘人而言，祖國即是他們的根，也許這個地方僅是一塊四、五英畝的土地，然而對他們來說卻是一個完整美好的世界。它給予希臘人的感情是深厚不可分割、無法言喻的，因為他們從一出生、長大成人、娶妻生子到老死，皆在這座城牆裡的某一間小屋中度過。自然而然，不管言行、思想、生活習慣都會受到環境的影響及鄰居的注目。因此，每個人的言行舉止或發表詩詞及各項作品時，隨時隨地會受到他人批評。因此，他們養成不管做

任何事，皆抱持著努力上進以追求更和諧完美的心態，這種精神也表現在他們的藝術之中。

七、古希臘精神的消失

西元前四世紀，亞歷山大征服許多城邦之後，決定將希臘文化推展到世界各地，下令集結希臘的藝術家、思想家、科學家、地理學家、天文學家等，給予他們優渥的生活，資助他們做研究，一心期盼希臘文明能在新帝國內綻放異彩。但這樣的願望並沒有實現，因這些離開家鄉的希臘人，突然失去他們原有的才能、天分，甚至連希臘人所獨有的明快、追求和諧、理性、完美都喪失了。這些被迫離開自己生活環境的希臘城民，最後終於淪為大國的臣民，屈服於世界主義之下，古希臘精神至此消失。

第二節　愛琴海文明與希臘大陸崛起

一、自然環境

愛琴海文明 (Aegean Civilization) 似乎是從克里特島 (Crete) 發源，然後才擴及希臘大陸與小亞細亞。此島位於愛琴海南端入口處，處於東地中海的十字路口上，與歐、亞、非三洲均僅隔一段極易航行的距離。如此優越的地理位置，使它易於與周邊國家通商貿易，也有利於防禦外來民族的侵略與征服。

圖2：愛琴海文化

　　愛琴海世界一直屬於地中海的一部分，氣候上屬於夏季炎熱少雨、冬季溫暖多雨、日照充足、年雨量不多的地中海型氣候。

　　愛琴海世界的天然環境極為良好，有山嶽與島嶼，海也特別的蔚藍，除了這種有利的天然環境外，到處都是美麗的天然景緻，刺激他們發展出驚人的文明。

二、邁諾安文明 (Minoan civilization)

約在西元前 2800 年左右，銅和青銅的製造法傳入克里特島。此後，克里特島的文明稱之為邁諾安文明。此文明持續約 1350 年 (2600–1250 BCE)，在前 1700 年至前 1450 年達於鼎盛。

邁諾安文明的中心，是一些堂皇富麗的宮殿建築群。宮殿建築師和裝飾宮殿牆壁的藝術家，具有強烈的審美感，可從各處挖掘出的克里特遺蹟得到驗證。根據英國的考古學家伊文斯 (Arthur Evans, 1851–1941) 在克里特所挖掘出的宮殿遺址，發現當時的宮殿非常大，宮殿內部設有排水系統、歌劇院、儲藏室、工廠、會議間、辦公室及臥室等，這意謂著當時的邁諾安人在建築工程上已有高度的成就。宮廷是國王與貴族的住所，工廠則是製造銀器、陶器等物品的地方，這些物品除供當地使用外，亦運至各地銷售，

圖 3：邁諾安宮殿遺址

可見當時的出口貿易已有相當程度的發展。

邁諾安文明和其他早期文明一樣，宗教與生活密不可分，國王須擔任神職人員的職務，神器和供品在宮廷與民宅到處可見，對母神及其他眾神的崇拜都很常見。

邁諾安文明在經歷連續的地震和火災之後，島上的許多宮殿幾乎全被摧毀。儘管面臨這些災難，但由於邁諾安的政治、社會等各方面相當穩定、溫和，因此很快能夠恢復和發展。重建後的宮殿比以前更加壯觀富麗。克里特的商船主宰了愛琴海，甚至向外擴大，與鄰近國家貿易，也因而促進文化的交流。藝術也跟著發展，邁諾安文明也於此時進入黃金時期。

邁諾安民族個性相當溫和，這可由其宮殿的建築與壁畫中得到驗證。邁諾安的宮殿建築與邁錫尼文明 (Mycenaean civilization) 的宮殿建築不同，既無城牆，也無防禦工事。他們未曾施行過徵兵制，雖然他們曾有過強大的海軍，那是用來抵禦攻擊與保護商

圖 4：邁諾安宮殿壁畫

業，以免國民的生命財產受到威脅。邁諾安壁畫中描述的主題大多以花草與人的運動為主，少有軍事戰爭的場面，如此的邁諾安人自然成為好戰的邁錫尼人攻擊的目標。邁錫尼人入侵並占領諾索斯 (Knossos)，而邁諾安人也無力反擊，兩個世紀後，邁諾安文明便消失殆盡，邁錫尼文明取而代之。

三、邁錫尼文明

約在西元前 2000 年，說希臘語的幾個部落，從北方移入希臘半島與當地居民一起發展出邁錫尼文明。此文明約在西元前 1400 年至前 1230 年達到頂峰。此後，邁錫尼各王國便因連年戰爭逐漸走下坡，最後約在前 1200 年時，被一群比較原始、被稱為多利安人的希臘人征服，邁錫尼文明就在內部與外在的因素下，在西元前 1100 年覆滅，希臘進入「黑暗時代 (Greek Dark Ages)」。

邁錫尼的政治組織最初只是由幾個獨立王國所構成的專制政治。後來約在西元前十三世紀，邁錫尼的阿卡曼農 (Agamemnon) 贏得其他君王的承認而成為眾王之王。其社會結構如同金字塔，國王居最上層，擁有至高無上的權力，管理生產與貿易，並持有最高司法權。其次是貴族，他們在軍中擔任官職，在執政機構中占有不可或缺的重要地位。再其次則是由農夫、牧民、工匠所組成的自由民。處於最底層是奴隸，主要來源是戰爭時的外族俘虜。

邁錫尼的建築成就主要表現在宮殿的建造，大部分仿自「克里特島式」的宮殿，同時用「沙克羅比亞」(Cyclopean) 式牆，加強城市防禦，這一點與邁諾安的宮殿不同。除此之外，他們還建

圖 5：邁錫尼衛城——獅門

造巨大的蜂窩式墳墓。在這些宮殿裡，國王掌管政務；宗教方面由祭司主持宗教儀式，據說邁錫尼人已開始崇拜宙斯 (Zeus) 及奧林匹亞諸神。

邁錫尼是個農業與商業並存的社會，它與埃及人、腓尼基人、西西里人、南義大利人、馬其頓人以及小亞細亞沿岸的居民皆有進行通商貿易。

四、文字與科學成就

在文字方面，愛琴海人民所創造出來的文字有三種，一種是象形文字，另外兩種是「線形文字」：線形文字 A (Linear A) 和線形文字 B (Linear B)。前者我們至今仍無法解讀，後者雖然由英國建築家麥克·溫處斯 (Michael Ventris, 1922–1956) 於 1952 年解譯，但似乎對於更進一步了解邁諾安文明並沒有多大的助益，因

圖 6：邁諾安女神雕像　　　　圖 7：邁錫尼黃金面具

為線形文字 B 所記載的大多是帳目，只能讓我們更加確定，邁諾安人在貿易上有相當程度的發展 。 相信若線形文字 A 被解讀出來，必定更有助於了解愛琴海文明。由於目前尚無愛琴海文化的文書出土，還無法判定是否有文學或哲學作品。

　　根據考古遺蹟可以推測，當時克里特島上的居民是天才的發明家與建築工程人員，他們已經懂得利用混凝土修建道路，也懂得所有現代衛生工程的各項基本原則，故建造出的宮殿相當舒適。

五、愛琴海藝術

　　愛琴海民族所創造的藝術，除希臘之外古代世界沒有其他民族可以與之相提並論。他們藝術的特點是精美、自然，它並非炫耀統治階級的狂妄自大，也非宣揚宗教教義，而是表達人類對於

周遭美好世界的喜悅與愛好。他們的藝術形式相當廣泛，除繪畫雕刻之外，也運用於日常生活使用的小物件上。

當時的繪畫幾乎以壁畫為主，就算不是壁畫，也多以類似手法繪成。克里特宮殿中的壁畫便是最好的證明。這些作品皆充分顯示當時藝術家們對於大自然的美與自我情感的抒發。

六、希臘大陸崛起

邁錫尼文明崩潰後，文化迅速衰退。西元前 1100 年至前 800 年的整個黑暗時代中，希臘大部分地區的文化皆陷入低潮。

黑暗時代的初期，希臘人將部落從較荒涼貧瘠的土地遷移至較肥沃的平原，從大陸遷移至愛琴海及小亞細亞沿岸。多利安人向南遷，之後在伯羅奔尼撒半島 (Peloponnese) 上建立斯巴達城，而愛奧尼亞人則定居於今日的雅典，隨後又往小亞細亞發展。在此期間希臘人經歷了戰爭的苦難及貧窮、孤立的生活，直到西元前 800 年以後黑暗時代結束，城市逐漸恢復，人口劇增，金屬使用範圍擴大，海外貿易也逐漸熱絡，希臘人在愛琴海諸島、小亞細亞、黑海沿岸、西西里島和義大利南部逐漸建立居住區。為疏解過剩的人口和不敷使用的土地開始向海外移民，就此展開希臘的殖民時期 (Greek colonisation)。

第二章 | *Chapter 2*

希臘的黑暗時代和
海外殖民

第一節 黑暗時代與希臘的文藝復興

一、黑暗時代之始

邁錫尼文明崩潰後，文化迅速退化，此時希臘大部分地區的文化成就皆陷入低潮，退回到比幾個世紀來所知更為簡單的形式，故學者將此段時間稱為「黑暗時代」(1100–800 BCE)。然而造成邁錫尼文明崩潰的因素，並非只是多利安人入侵所致。

實際上，當時邁錫尼已陷入經濟危機，多利安人入侵只是加速這種困難的局面。最後邁錫尼文明崩潰，開始希臘的「黑暗時代」，大部分的希臘人變成文盲。有些人不堪多利安人的統治，紛紛逃至阿提加 (Attica)、愛奧尼亞 (Ionia) 地區建立許多城邦，如後來成為希臘文明搖籃的雅典城。

二、黑暗時代的文化

多利安人基本上沒有高度的文化，儘管有鐵製的武器，但他們的藝術與手工藝知識皆不如其初期階段，因此在此段期間，希臘大部分地區的文化成就，處於蕭瑟不振的狀態。直到末期才有了曙光，出現一些有裝飾的陶器及精巧的金屬器具，而文字由腓尼基人介紹，也有些許的發展。但其他文化成就也僅限於民歌、民謠及短詩。西元前九世紀，由數個詩人將一些詩整理成一本詩篇，也就是荷馬史詩 (Homeric epics)。

三、原始的政治制度

當時的政治制度還很原始，村落中有許多獨立的小社團，但政治權力相當小，還稱不上國家。國王只是部落酋長，無權制定或執行法律，也不能審判案件，沒有任何報酬，必須與其他公民一樣耕作維生。

事實上他的職務與權限，只限於戰時指揮軍隊及主持祭祀。希臘人在此時期對於政治的涵義、功能還不是很清楚，在他們的觀念裡還不知政府是維持社會秩序的必要組織。

四、社會與經濟

從當時所遺留下來的敘述詩看來，雖然社會型態似屬於貴族政治，但實際上階級區分並不明顯。社會上並不輕視以勞力維生的人，因為他們相信世界上任何事物都不是不勞而獲的。

就荷馬史詩中對當時社會的描寫,可知有許多人為貴族耕作,但這些人的性質比較接近農奴而非奴隸,他們所受的待遇也不錯。奴隸多為婦女、姬妾、羊毛處理工人或是戰俘等。農業與畜牧業是一般大眾最主要謀生的工作,僅有少數專業技術的職業,如造車、金匠、陶瓷、製造刀劍等工藝。每一戶人家所需的工具,大都是自製的,當時並沒有商業活動,通常是以物易物的方式換取所需物資。

五、宗教

此時期的希臘人並不寄望宗教會從罪惡中解救他們,或賜予他們精神的恩惠。他們認為對神的尊敬,既不是一種行為,也不是一種信仰,可見他們的宗教沒有所謂的戒律、教條,更沒有神聖的禮儀。每個人皆有自由選擇喜好的信仰方式,不用擔心神明的譴責。

黑暗時代的希臘人,對於死後將會如何,似乎沒有多大興趣。他們認為人死後,靈魂或幻影可能存在一段時期,多數人皆會到地下的陰暗地府,這裡並非天堂,也不是地獄,沒有任何人會因善而得到獎賞,也沒有人會因過錯或罪惡而受到懲罰。這裡的每個靈魂,將會繼續過著他的形體在地上所經歷的同樣生活。

此時的希臘人與其宗教,僅有極為含混籠統的關係。一般而言神會支持正義,但他們並不認為有責任義務打擊邪惡,宣揚正義。至於對人的懲罰方面,他們多以自己的喜好及受謝祭品的影響,而不是出於德性的考量。他們只會懲罰那些言行過於不一致

的偽誓者，希臘人並沒有基督教中那種犯錯要悔罪或贖罪的觀念。

六、希臘人的理想

黑暗時代末期的希臘人人生觀相當積極樂觀，他們認為人有活下去的價值與必要，因為死亡並不能完全解決問題。基本上他們比較傾向利己主義，非常重視自我的滿足。

希臘人也是人本主義者的愛好者，相當重視生命與自然，而不重來世。基於這樣的理由，他們並不容許神具有令人恐懼害怕的個性，在他們的觀念裡，不認為人是敗壞或是有罪的動物。他們追求自由的方式與精神，遠比古典時代他們大多數的子孫更為積極。

七、荷馬

荷馬 (Homer) 為希臘史上最偉大的詩人，其生活的時代正處希臘史上黑暗時代剛結束之時（西元前八世紀）。他寫的詩中以《伊里亞德》(*Iliad*) 和《奧德賽》(*Odyssey*) 這兩篇最為大家所熟知。

《伊里亞德》以詩歌的方式描述特洛伊戰爭最後一年的片段。這場戰爭發生的背景是在荷馬時代好幾個世紀以前的邁錫尼，詩中希臘勇士阿基里斯 (Achilles) 與統帥阿卡曼農不合。因阿卡曼農奪走勇士阿基里斯的戰利品，同時也踐踏勇士間必須互相尊重的原則，這件事讓阿基里斯覺得自尊心與聲響受損，因此拒絕參加攻打特洛伊的戰爭。他想藉此證明邁錫尼需要他，保持他的聲響。後來許多希臘的戰士在這場戰爭中喪失性命，尤其當特洛伊王子

赫克特 (Hector) 殺死阿基里斯的摯友巴特羅克拉斯 (Patroclus) 後，傷心的阿基里斯才決定先擱置與阿卡曼農的恩怨，投入戰爭，殺了特洛伊王子赫克特，為其好友巴特羅克拉斯報仇。

《奧德賽》描寫原始社會人類情感奔放，但仍不失優雅，並非完全兇狠的原始社會，主要敘述另一位希臘勇士──伊色加 (Ithaca) 的國王奧德修斯 (Odysseus) 所遭遇的奇異冒險故事。他打敗特洛伊之後，直到回家與其妻潘尼洛波 (Penelope) 相見之前，在外流浪十年之久。

從這兩首詩中我們可以約略了解希臘眾神龐雜的家系。荷馬史詩中的奧林帕斯神並非遙不可及、神聖不可侵犯，也不是完美無瑕，他們富有權力、情感，但不完全善良，當他們干預人類的事情時，表現出蠻橫、喧鬧、嫉妒，但也有討人喜愛和迷人的一面。

荷馬史詩對於了解早期希臘文明來說，是極佳的指標，但對於希臘的政治制度演進來說，它似乎不夠充分可靠。因荷馬所描寫的政治和社會，基本上是貴族化的，統治者是那些具有神祇血統的貴族。在宗教上國王就是高級教士，在政治上也是高人一等。因此荷馬史詩忽略了黑暗時代早已萌芽的城邦政治，表現的是古代的精神。

第二節　海外殖民時期

一、西元前八世紀希臘的狀況

　　希臘殖民化是古代歷史上最重要的現象，尤其是在西元前八世紀，促成了希臘古典時代的開端。荷馬、海希奧德 (Hesiod) 的史詩和古代作品殘存部分，加上考古學家的挖掘，刻劃出西元前八世紀的狀況。

　　此時的經濟生活是相當原始的農業生活，有利於產業主及馬匹擁有者穩固自己的財富、政治權力、戰爭指揮權及對宗教奧秘的了解。在政治上貴族階層占有土地利益，他們除去早期君主制，或者將其降為完全宗教性的職責（如雅典的執政官），並控制公民大會 (Boule)。

二、殖民化的原因

　　殖民化的主要原因是農業而不是商業，從西元前 775 年到前 675 年的第一次殖民，證實人民所要尋找的是寬闊的土地，如義大利南部、西西里島、利比亞、龐特‧歐新（Pont-Euxiul，即黑海）等地。這些殖民地被貴族階級統治，獨立於希臘本土之外，但它們仍採用希臘本土的制度和宗教信仰，與商業上的發展毫無關係。但在西地中海建立殖民地則是為了與伊特拉斯坎人來往，他們擁有豐富的金屬礦。

　　第二次殖民的風潮在西元前 675 年到前 500 年，產生唯利是圖的結果。短時間裡，許多大都市發展成繁榮的商業中心，如哈爾基斯 (Chalcis)、厄立特里亞 (Eretria)、邁加拉 (Megara) 及科林斯 (Corinth) 等城邦。後來又增加古希臘的亞洲城邦薩摩斯 (Samos)、弗西 (Phocaea)、埃瑞特瑞斯 (Erythrae) 以及處於繁榮發展之中的米利都 (Miletus)。

　　此時，人民也意識到一些交通交會地點的商業價值。例如墨西拿海峽 (Strait of Messina) 通往南部義大利的愛奧尼亞島嶼、色雷斯海岸、達達尼爾海峽 (Dardanelles)、普奧朋蒂德 (Propontide) 以及博斯普魯斯 (Bosporus) 等地區。

　　西元前六世紀末期，當殖民化時期結束時，希臘世界的經濟

圖 8：西元前 550 年希臘的殖民擴張

情況已經發生了很大的變化，因此他們的社會生活及政治也不可避免受到影響而改變。

三、西西里島與義大利南部的殖民化

塞林納斯的優卑亞人 (Euboeans) 最早將西西里島的東岸以及墨西拿海峽、羅瑞翁 (Rhegion)、桑克萊 (Zancle)、納克索斯 (Naxos)、卡塔那 (Catania)、萊昂蒂諾 (Leontinoi) 等城市地區殖民化。

科林斯人占領西西里南部以及敘拉古 (Syracuse) 和卡馬瑞那 (Camarina) 地區。邁加拉人則建立邁加拉－伊布拉阿 (Megara Hyblaea)、塞利農特 (Selinute) 等城市。一些克里特島人與混居的羅德島人建立熱拉 (Gela)，又於西元前 580 年創建阿卡加斯 (Acragas) 等城市。

西西里島之前由於一些商業因素，從西元前 775 年起，就有人在坎佩尼亞 (Canpania) 登陸，接著西元前 750 年，塞林納斯人也在此登陸，與伊特拉斯坎人建立商業聯繫。

西元前七世紀初，阿西安人創建西巴瑞斯 (Sybaris) 和克羅東 (Crotone) 二個城市，穿過義大利南部最狹窄的岬角，建立一些商行，部分拉科尼亞人 (Laconians，即斯巴達人) 於西元前 708 年，在塔倫特 (Taranto) 定居，一些羅德島人、邁加拉人及克里特人也建立了一些殖民城市。

四、西地中海的殖民

很早就有海員及羅德島人至西地中海，但由於腓尼基人的阻礙以及西地中海的位置遙遠，延遲了它的殖民化。弗西人在西元前 600 年建立瑪薩里阿 (Massalia)，也就是馬賽 (Marseille)。儘管它的位置相當遙遠，仍在蔚藍海岸 (la côte-d'Azur) 以及西班牙海岸建立自己的殖民地。

馬賽由於對聖布萊茲 (Saint-Blaise) 及聖瑞 (Saint-Remy) 的依附，直到西元前 49 年被凱撒占領，一直是古希臘文化的引導者和傳播者。法國塞納河附近維克斯 (Vix) 地區所發現的著名雙柄大口杯，也確定是希臘伯羅奔尼撒半島銅匠的藝術成果，證明古希臘文化確實進入塞爾特人的生活。

五、東地中海及其附屬地

1.哈爾基季基 (Chalkidiki) 及色雷斯海岸

對希臘人而言，愛琴海北部地區，氣候適合生活。優卑亞人最早開發這裡，將此地稱為哈爾基季基。他們創建多奧納 (Toroni)、斯基奧納 (Scione) 以及因酒而聞名的芒代 (Mende) 等城市。此時的斯特魯馬 (Struma) 東部，帕瑞安人 (Parians) 在塔索斯 (Thasos) 殖民並開發了潘蓋翁山脈 (Pangaion Hills) 的礦山。在東部，亞洲希臘人的殖民事業從色雷斯海岸開始，包括阿布代爾 (Abdera)、瑪奧尼亞 (Maroneia)、埃諾斯 (Ainos) 等均是愛奧尼亞的殖民地。

2.普羅蓬蒂德－馬爾馬拉海及其海峽

伊奧利亞人在西元前七世紀中期，建立賽斯多斯 (Sestos)。邁加拉人是唯一來自陸地的希臘人，他們占領蓬迪得 (Pontide) 沿岸地區和波弗爾、拜占庭 (Byzantium)。米利都人則占領了阿比多斯 (Abydos)、卡爾迪阿 (Cardia)、基齊庫斯 (Cyzicus) 等地，為他們打開通往海的路。

黑海地區也被邁加拉人以及米利都人殖民化。邁加拉人創建一些農業城市，如龐特的埃哈克雷 (Heraclea Pontica)。米利都的殖民地包括小亞細亞地區西諾普 (Sinope) 創建的特拉比松 (Trebizond)、法西斯 (Phasis) 和迪奧斯居瑞 (Dioscurias)，北部地區有龐提卡貝 (Panticapaeum)、德奧多西亞 (Theodosia)、法納高瑞亞 (Phanagoria)，俄羅斯重要河流附近有伊斯陀 (Istros) 和奧勒比亞 (Olbia)、提哈斯 (Tyras) 等城市。憑藉著這些地區的農業財富（小麥）、畜牧業、皮革、用作屋架的木材、金屬以及奴隸等行業的興盛，加上出口貿易發達，使得米利都帝國一直繁榮昌盛，直到波斯人到來。

非洲海岸地區則有多利安人創建昔蘭尼（Cyrene，位於今利比亞），後來羅德島人及伯羅奔尼撒半島人相繼到來，新城邦成為富饒的農業中心，尤其以馬和車聞名。這些城邦後來朝向一種專制制度發展，並且在西元前 500 年轉入波斯人的保護。由於游牧民族與之爭奪內陸地區，希臘的殖民政策也漸減弱。

六、海外殖民對政治的影響

　　希臘海外殖民雖然紓解了人口壓力，使得商業興盛，但也帶來新問題，使得政治與農業制度發生變化。希臘本土為增加橄欖油與酒的輸出，許多大地主全力種植橄欖、葡萄，對小農的打擊相當大，因此引起小農與大地主之間的戰爭，此外，海上也有船主與水手間的對立。

　　由於小農與水手、工人等較下層階級，逐漸對貴族壟斷利益與政治感到不滿，於是推翻貴族政治，僭主政治取而代之。

七、殖民化的結果

　　西元前七世紀、六世紀希臘各地殖民，並非所有的城市都繁榮昌盛，也有一些失敗的例子。但形成幾個重要的主體：黑海的米利都帝國、西方世界的馬薩里阿帝國，尤其是西西里島以及希臘本土一些城市，取得令人讚嘆的興盛發展。但這種殖民化運動卻在西元前六世紀末自行停止，並且永遠地停止。波斯人在東方世界征服亞洲城市以及摧毀米利都的商業力量之後，開始向多瑙河和巴爾幹半島推進。希臘的擴張終於被迫停止，直到亞歷山大，才以新的形式重新展開。

　　這場殖民運動也產生一些改變，人口的離去紓解了希臘的擁塞情形，免受生存空間狹小之苦，新的內部鬥爭也隨著這場運動產生，政治、社會方面因為經濟擴張和商業擴張的同時，人口出生率似乎下降而發生變化。

第三章 | *Chapter 3*

希臘城邦的發展

第一節　城邦的發展

一、城邦的形成

從西元前八世紀黑暗時代結束，至西元前 500 年後這段期間，希臘的社會是由各個獨立的小城邦所組成。希臘由部落發展為城邦與自然環境、經濟、歷史及思想等各方面皆有關。如思想方面，西元前五世紀時，希臘人視城邦制度為通往幸福生活的唯一道路。成熟的城邦是體現自由公民意志的自治社會，而非代表神明、世襲國王或祭司旨意的社會。希臘城邦起初也是一個宗教機構，人民與神共處，漸漸的，人民降低神在政治中的作用，改由全體人民的智慧建立政府，而不是依賴神權統治的力量。

就歷史原因而言，當多利安人入侵希臘半島及愛琴海地區，這些地區便陷入混亂狀態，希臘人原有的舊部落瓦解，當時無論

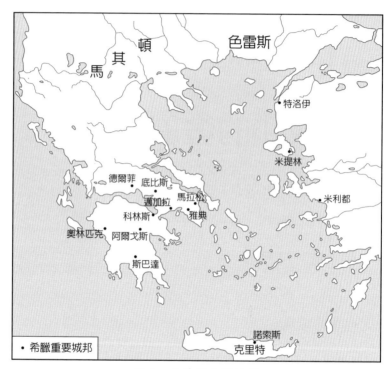

圖 9：古希臘主要城邦

是希臘人或是新來的征服者，都需要防衛，於是在地勢較高的地方，建築衛城防守敵人，因此到處皆可見到衛城建築。衛城既是地方首領的住所，也是當地的權力中心，自然而然地成為民眾聚集之地及宗教中心，這即是城邦的形成之始。

　　就自然原因而言，希臘擁有眾多的山脈、島嶼、港灣、分割的平原等，都是統一的天然障礙，因此不管在希臘本島或海上皆形成獨立的城邦，較著名的有雅典、底比斯、邁加拉、斯巴達與科林斯；小亞細亞沿岸有米利都；愛琴海沿岸有米提林 (Mitylene)

與卡爾西斯等。

二、城邦的特色

這些城邦規模大都很小，面積與人口相差很大，如斯巴達面積有三千餘平方英里，雅典面積有一千零六十平方英里，是最大的兩個城邦，其他的城邦多不到一百平方英里；斯巴達、雅典的黃金時期人口各有四十萬，數量上約為其他鄰邦人口的三倍。

由於地小、人口少，城邦居民長期守望相助，共同生活，形成一種濃厚的團體意識。城邦居民中，很多人都有血緣關係，他們彼此極為熟悉，常會一起參與許多活動，如體育競賽、宗教活動等。

由於人們與政治、社會、經濟密不可分，因此城邦促使每個人產生歸屬感，進而發展出城邦意識。

三、城邦間的差異

希臘各城邦間，在文化演進方面有很大的差異。從西元前800年至前500年這段期間，通常被稱為「古代」。

伯羅奔尼撒的科林斯及阿爾戈斯 (Argos) 這兩個城市是當時文學與藝術發展的領導者。斯巴達在西元前七世紀時也脫穎而出。此時最優秀的當屬小亞細亞沿岸及愛琴海各島的愛奧尼亞城市，其中以米利都最為進步，早在西元前六世紀期間，它的科學與哲學已有相當的成就。

四、城邦的演進

希臘城邦逐漸從部落式、宗教式的制度走向世俗、理性的社會，但理性思想的產生，並未宣告宗教的死亡，特別是那些繼續頂禮膜拜古老教義和神祇的農民。

希臘的領導者、政治家做決策時，還是會觀察預兆、祈求神諭，希臘人小心翼翼地供奉眾神，因為他們深信這些神可以降福，也可能帶來災害。這種宗教神話的傳統從未在希臘消失，而是和不斷增長的理性主義共存。

希臘各城邦的政治演進相當雷同，只有少數幾個城邦例外。開始時都是君主政體，其後貴族勢力逐漸擴大而形成貴族政治或寡頭政治（即政權掌握在少數地主貴族手中）；這些寡頭政治在西元前第六、七世紀時，被僭主政治取代；西元前六世紀時，民主政治興起。古希臘的民主政治是由人民全體（婦女、僑居人、奴隸除外）直接管理，與現今的民主政治不太相同。希臘城邦的民主政治極盛時期，也是希臘文明達於鼎盛的時期。

五、希臘擴張的結果

由於希臘城邦的發展，許多城邦人口遽增，可耕地相對減少，於是造成內部紛爭與動亂，迫使希臘人不得不向外發展，從事擴張。科林斯、卡爾西斯、米利都等城邦都十分積極，它們的人民在愛琴海沿岸、義大利與西西里建立殖民地，也在埃及的海岸及東邊的巴比倫建立貿易中心。

　　這種擴張主義的結果，促使商業與工業發展成主要的職業。城市人口增加，經濟也出現新型態。此時，日漸抬頭的中產階級與被剝削的農民，開始聯合對抗地主所把持的寡頭政治。取而代之的僭主政治最後由於一般平民經濟力量與政治意識抬頭，對暴力統治不滿，遂形成寬大的寡頭政治與民主政治。

六、城邦的衰落

　　希臘人雖然共用一種語言與共享一種文化，但政治上仍然處於分裂的狀態。維護城邦主權的心態，妨礙了希臘人形成較大的政治集團。故基本上希臘人擁有強烈的城邦意志，但缺乏國家意識，假使可以形成較大的政治集團，或許就可以避免城邦間的衝突與戰爭。若要建立較大的政治集團，需要希臘人在心態上有根本的轉變，但希臘數百年來都將城邦視為唯一的理想政體。

　　伯羅奔尼撒戰爭 (431–404 BCE)，不僅結束了雅典的霸權，各城邦更無法從這次互相殘殺所造成的精神創傷中恢復。文化落後、思想褊狹、手段強硬的斯巴達，此時勢力遍及整個希臘，他們所到之處，皆以斯巴達軍隊所支持的寡頭政治取代民主政治。但斯巴達的霸權相當短暫，很快就被希臘各城邦推翻，進而形成新的聯盟體系，繼續毀滅性的內戰。

　　最後，整個希臘世界落入馬其頓人手裡。此時，儘管城邦的形式仍然存在，但已毫無獨立可言，小型、獨立、自給的城邦世界結束，希臘文明進入另一個階段。

第二節　政體的演變

一、政治制度的演變

　　一般而言，希臘的政治制度的演進大多數是由君主政體至貴族政治或寡頭政治，然後經僭主政治而漸至民主政治，這是希臘政治最完整的發展。但並非每一個城邦皆是如此，也有許多例外，如斯巴達，即是從君主政體變為寡頭政治，未曾產生僭主政治，最後也沒有邁向民主政治，形成一種滯固的寡頭執政。

　　然而荷馬時代盛行的王權則是比較獨特的王權形式，它類似於君主立憲制。國王的權力受到限制，僅限於宗教和執行政策方面，國王的兒子享有繼承權，國王的權力在戰爭、宗教、司法、政治上幾乎是絕對的。這種王權是為了迎合戰爭和移民的需要，國王的任務是把各部族團結在一起，每一部族都建立在血緣關係上，但各部族不必與其他部族類似。他必須以自己的為人和法律權力將他們統一為一體。對國王的要求相當嚴格，但國王的職責符合時代需要。各個王宮也留下這種王權的傳統，以後它影響了希臘人的思想。

二、貴族政治

　　在君主制度上所產生的貴族政治，乃是貴族勢力日益增加所造成。貴族擁有財富後，開始要求政治權力的擴大。於是在城邦

裡從事大宗買賣的工商貴族們，最後取代了氏族。但真正的權力仍掌握在由資歷較深的貴族所組成的元老院成員手中。

這時的城邦所實行的貴族政治形式大都類似。即由有財產的人們組成公民大會通過法令並選舉行政官員。至於元老院則由富有、年長的前行政官員組成，但在人數上是有限制的，其功能乃通過所有重要決定，不過這些法令是由行政官員來執行。這些行政官員通常是每年經由選舉而來的，但在比較封閉的城邦則常出現世襲的狀況。

貴族政治在西元前八世紀時尚可維持，但後來人口增加，土地不敷使用，逐漸在海外進行殖民，使其原本的社會與經濟發生變化，進而影響到政治。

三、制度的危機

希臘的貴族政治在西元前七世紀時發生了危機，導致危機的最主要原因有三個：1.海外殖民——缺乏土地和生活困苦，是城邦政治初期希臘人向外大舉移殖的主因，同時也造成城邦內部政治社會的不寧，在經濟上產生革新。由於殖民與商業活動之後，財富增加，產生了一個由商人和船主所組成的中產階級，他們的財富接近貴族階級，但在政治上卻無權力，因此他們逐漸起來要求政治權力，與貴族階層產生了衝突。2.貨幣的發明——在西元前六世紀貨幣的使用更加普遍了。在農業與手工業的價格之間失去平衡以後，農民的狀況更加惡劣，這些農民在收成不好時只得向高利貸借貸（在貨幣未發明前乃是使用實物預支款），而迅速陷

入毫無希望的債臺高築中。貨幣的影響程度各地不一，但那些沿海貿易發達地區很快就感受到貨幣的影響，如米利都、邁加拉、埃瑞那西哈居斯等城邦，這些城邦也首先經歷最嚴重的動亂。 3.軍事技術進步——古代騎兵的優勢為重武裝部隊所取代。由於其擁有的裝備與武器皆勝於騎兵，因此在戰場上成為常勝軍，各邦此時也擁有自己的武力，這些步兵的成員大都是由農民中招募而來的，他們的地位不斷的提升，促使他們要求政治權力。由於此種要求很難達到，故也導致各城邦間發生嚴重的事端，使貴族不得不作出讓步。

四、僭主政治

　　希臘除了出現貴族政治，有些城邦也出現了寡頭政治，其乃是由少數的地主貴族所統治的一種政治型態。但不久之後便為僭主政治取代。僭主是指那些利用不合法的手段而取得政權的人，如掌握政權較久的行政官員或是野心家等。

　　古代希臘的僭主無論取得政權的方式如何非法，也無論他們的統治如何只圖自利，但因為他們是憑藉著人民取得政權的，必須想盡辦法迎合人民，以維繫民心。他們沒收了貴族的土地，將貴族驅逐，促進了小產業主、工業者及水手的發展；解除了寡頭政治下人民受到的不平等待遇，廢除了貴族對宗教事務的壟斷；並為神祇建造神廟、舉行節日和迎神活動等。

　　僭主在經濟與社會方面的政績，更是值得注意，如分發土地、出借工具、恢復生產作物的發展。他們也在各處建造重要的公共

工程：如引水橋、噴泉、堤壩、碼頭劇院等。重要的僭主如米利都的特阿西比勒 (Thrasybulus)、納克索斯的利格達米斯 (Lygdamis)、薩摩斯島的波里克拉特 (Polycrate)、西西奧納 (Sicyone) 的奧達高瑞得斯及雅典等。而斯巴達政體的民主狀態僅在萌芽階段。換言之，斯巴達的長期穩定是在於有穩固的家族寡頭政治統治，而它的社會生活秩序則歸功於人民軍事教育，但也因為斯巴達的堅持己見，致使國家人口日益減少，遭受了紛擾不斷的社會動盪。

五、民主政治

　　希臘的民主政治以雅典的民主政治最為著名，其乃經歷克里斯提尼的變法逐漸走向民主，又經過伯利克里斯 (Pericles, 495–429 BCE) 時代，整個體制更趨於成熟。但他們的民主政治是一種直接民主政治，而非現在的代議制度。因此其民主政治與今日是有所不同的。他們的官吏選舉形式通常是採用抽籤選舉，所有公民都有同等機會擔任官職。

　　但這裡的公民基本上是沒有包括婦女的，她們的地位僅是在家中生兒育女、打理家務，那時代的男人通常普遍不承認婦女在社會與智力上和他們相等。但也有例外的，如伯利克里

圖 10：伯利克里斯

斯的太太即是一位有才能的人，但人們以為此乃因她是一位外國人而非雅典當地的人。

　　然而並非所有的雅典公民，都像伯利克里斯所要求的那麼欣然履行公民應盡的義務。因此為了增加公民出席五百人議會和法庭常會的動力，通常政府會給予薪水及供應餐食。然而也並非所有的公民都有時間參加，因為政府重要機關通常皆設在大城市裡，這對於住在鄉下的公民而言，要去參加會議就必須放下手邊的工作，長途跋涉來到城裡，是件困難的事。故通常能履行公民義務的人，大都是有錢有閒的人，因而住在城裡的人便控制了雅典的政府。

　　與現在社會相比，雅典仍然保存著貴族政治的成分，尤其是公民與非公民之間的明顯劃分，充其量可說是大規模少數人的民主，但是與其他古代社會相較下，雅典的民主政治已有相當顯著的進步，也為後來西方的民主政治奠立了根基。

第三節　斯巴達

　　希臘在城邦發展時期出現許多大小不一的城邦，其中以斯巴達和雅典較具規模、較為典型，在其全盛時期兩者之間有很大的差異：斯巴達採行軍國主義來維持、穩定社會，雅典則採取自由民主的方式治理城邦。

一、斯巴達的種族來源

斯巴達人源於來自北方的多利安人，曾征服或驅逐所有居住在平原或伯羅奔尼撒半島的土著。他們原為山區民族子孫，身強體壯，富有好戰的精神，具有強烈的生命力，不管男女皆穿著長不及膝的寬袍。

由於這樣的環境造就尚武的特性，他們時常武裝，成為希臘境內較不開化的民族之一。

二、早期的斯巴達

在愛琴海文明晚期及荷馬時代，斯巴達和其他國家一樣，為君主政體。斯巴達位於伯羅奔尼撒半島南端的拉科尼亞平原 (Laconia) 北邊，多利安人入據時期，它曾是曼勒羅斯 (Menelaus) 王所居，特洛伊王子巴里斯 (Paris) 便是在此誘走王后海倫 (Helen)。

西元前七、八世紀，當希臘各城邦為解決人口過剩與農用土地匱乏問題而積極向海外移民之際，斯巴達並沒有跟進，他們以兼併鄰近土地解決問題，如併吞土地相當肥沃的美塞尼亞 (Messenia)。

第一次美塞尼亞戰爭 (736–716 BCE) 後，美塞尼亞人被降服，每年必須繳納一半的土地生產給斯巴達作為貢賦。後來美塞尼亞人因不滿斯巴達人的欺壓，因而導致第二次美塞尼亞戰爭 (650–630 BCE)，美塞尼亞遂直接被併入斯巴達的領土。

經過兩次美塞尼亞戰爭後，為了防止再有類似的叛變，來革古士 (Lycurgus) 為斯巴達立法，從此斯巴達便成為嚴格的寡頭政治國家。

三、斯巴達的政治制度（寡頭政治）

斯巴達的政治制度在西元前 600 年左右形成，包括兩位國王、五位執政官、元老院和國民會議。兩位世襲的國王，出自敵對的多利安人家族，名義上雖貴為元首，可號令全國。但實際的行政權在執行官與元老院之手。國王可享的權力相當少，僅限於軍事與宗教事務。

擁有大權的元老院，由年滿六十歲的斯巴達人中選出二十八位，任期終身，再加上兩個國王所組成，主要職責在督導行政工作、草擬向代表會提出的措施，並為刑事審判的最高法院。政府的另一機構——「下院」，職責在核准或批駁元老院所提的案件，並選出除了國王之外的所有官吏。根據斯巴達的憲法，最高的權力操在五位任期一年的執政官之手。他們是實際的政治核心，主持元老院與下院，可以對任何立法行使否決權，甚至罷免國王。斯巴達的政府顯然是「寡頭政治」。

雖然五位執政官是由三十歲以上公民所組成的「下院」選出，任期也僅一年，但可以無限期連選連任，而且權力相當大，能夠管制所有政府機構的部門。但下院並非民主機構，即使占少數人口的斯巴達公民也不是人人都具有參加下院的資格，只有那些家世顯赫，且有足夠收入、有資格投效軍隊的男性才能參加。

四、斯巴達的階級制度

寡頭政治統治下的斯巴達人民分為三個主要的階層：純種的斯巴達人（約占總人口的 5～10%）屬於最初征服者的後裔，他們是統治者與軍人，屬於上層階級；次為「鄙民」(Perioeci)，原意為邊鄙之民，即鄰人之意，屬於自由人，原本可能是自願受斯巴達管轄的人民。在邊鄙的城市擁有自治權，也可以參與軍事，但沒有任何參與政治之權力，也不能與斯巴達人通婚。不過斯巴達政府允許他們從事商業與工業製造，因為法律禁止斯巴達人從事農業以外的商業或工業製造，所以鄙民獨占工商業之利，生活頗為富裕。

處於最低層的是希洛 (Helots) 人，即奴隸或稱農奴。他們與斯巴達人的人口比例約為十比一，占總人口的大多數。農奴世代相傳，且受土地的束縛，為斯巴達人耕種。由於農奴的數目相當龐大，因而經常對斯巴達人構成威脅。

五、軍事訓練

出生在純斯巴達人階級的人，從一出生即受到嚴格的考驗。新生兒若發現不健康即被遺棄山野，任其凍斃；身體健康未被遺棄的兒童須在七歲時離開父母，強迫接受嚴格的體能訓練及愛國教育。他們過著團體的生活並學習軍事技能、音樂和美德。年滿二十歲入軍籍，雖可娶妻但卻禁止家庭生活，仍須住軍營裡，一直要到三十歲才能與妻子同住。此時他們亦可取得在國民會議的

投票權，至此才算是成年。健康情況良好者須至六十歲才能退役。

六、經濟結構

斯巴達的經濟組織幾乎全是為了配合軍備和維持公民階級尊貴的地位。在土地的管理方面，凡是最好的土地皆歸國家所有，均分給斯巴達人，並規定不能讓渡土地。土地到後來才准予出售和交換，一些公民因此而致富。國家會隨地授與農奴，這些農奴的工作是為主人耕種，但嚴禁主人私自釋放或銷售農奴至國外。

七、獨特的教育

斯巴達人為了壓制人數眾多的希洛人（農奴），因此將自己訓練成「戰士」。立法者來革古士反對一切足以發展個人特性的文藝活動，否定家庭的功能。

強調集體意志使斯巴達教育以保守、嚴肅、服從、善戰及國

圖 11：斯巴達軍人雕像

圖 12：古希臘摔角浮雕

民教育著稱。此外斯巴達也強調女子教育，認為強國必先強種，強種必先強母，所以在其觀念裡男女教育並無差異。

斯巴達主要的教育內容包括：1.鍛鍊體力：斯巴達人非常重視優生學，假使新生兒健康不良便丟棄；也重視體力鍛鍊，尤其是在摔角與狩獵，前者可藉由全身活動，訓練機智與控制情緒；後者可培養堅忍毅力、認識環境且有益於作戰。2.熟練偷竊技巧：偷竊的技巧即所謂的埋伏、奇襲及偽裝的技術，為最實際的作戰方式。偷竊時被發現，即使犧牲生命，也要極力隱藏。3.訓練服從：利用體罰的方式訓練服從。

八、斯巴達寡頭政治的衰弱

伯羅奔尼撒戰爭之後，斯巴達雖稱霸一時，但由於希臘世界戰爭不斷，加上波斯又不時入侵、干預，故不到半個世紀的時間，斯巴達便為底比斯所敗 (371 BCE)。

然而不久底比斯又被希臘城邦聯盟顛覆 (362 BCE)。但此時的斯巴達本身也困頓不已，無力恢復舊觀。人口也逐年減少，西元前 244 年時不過七百人。

到了西元前二、三世紀，斯巴達社會革命迭起，最後在馬其頓與羅馬勢力的壓迫下，結束其獨立自主。

第四節　雅　典

一、初期的雅典

　　雅典位於阿提加半島 (Peninsula of Attica) 上，由許多小邦組成獨立的城市，控制阿提加的大部分。阿提加地區從未發生過軍事侵略與種族歧視；對於被征服者也從未施予任何軍事性的統治。阿提加地區主要的經濟來源除了農業外，雅典更以發展工商業解決其經濟問題，因此發展出繁榮的商業及城市文化。

　　政治發展方面，西元前八世紀中葉以前，雅典也如同其他城

圖 13：亞略巴古遺址

邦一樣實行君主體制，直到西元前六世紀，雅典政府才朝向貴族政治發展。由於王政式微，許多重要的官職落入少數人手中，九名執政官也出身於此，成為主要的行政人員。卸任後的執政官，須時常參與一些重要的司法和政治制定機關以及亞略巴古議院（Areopagus，即後來的元老院）。此外還有一個無法行使重要職權的公民大會。此時期的雅典，也在地主寡頭政治的統治下，發生

圖 14：梭倫

一般希臘城邦常見的政治和社會危機，因而有了梭倫 (Solon, c. 630–560 BCE) 的改革。

二、梭倫的改革

梭倫為雅典歷史上第一位憲政改革者，西元前 594 年被各黨派任命為首席執政官，全權進行改革。他的改革重點主要在政治與經濟兩方面。前者包括： 1.設立四百人議院 (The Council of Four Hundreds)，允許中產階級參加。2.准許下層階級有權參加全民會議及充任民眾法庭的陪審員。

經濟改革方面，則廢除現有債務，解放債務奴隸，禁止以債務迫人為奴隸。此外，因為阿提加的土地相當貧瘠，並不適於生長糧食，於是提倡種植葡萄釀酒及種植橄欖出口橄欖油。而為了促進工業發展，規定父親須傳給兒子一項技能，並且接納外來工匠為雅典公民。

　　藉由上述措施雅典遂成為阿提加地區的商業中心。這些改革雖然廢除現有債務，緩和了當時的危機，並未消除貴族派系間的紛爭，也未能完全解決貧困者的不滿。

三、庇西特拉圖 (Peisistratus, 600–527 BCE)

　　雅典的另一位貴族庇西特拉圖，則為第一位僭主。他利用不穩定的局勢，在經過兩次失敗後，終於在西元前 541 年掌握政權，達到一人統治的目的。主政時期對外與鄰邦維持和平，擴張雅典的商業，經營銀礦，提高雅典的幣值。將勢力擴展至愛琴海北端，並控制黑海區域的糧食輸入孔道。

　　對內方面，庇西特拉圖繼續梭倫的改革，為了拉攏民心，他從建築計畫和公共慶典方面著手，下令鋪設管道，增加雅典的用水供應；將被流放的貴族土地分發給貧苦農民，又常將私人財產用於公共利益上。文化生活方面，提倡文藝，成為古代雅典戲劇節的濫觴；鼓勵雕塑家和畫家多方面創作，並舉行一些大型文藝活動。藉由上述活動，將原僅屬於貴族的文化活動推廣至大眾。

　　庇西特拉圖於西元前 527 年去世，權力傳給兩個兒子。但一個兒子被刺死，另一個兒子喜庇雅斯 (Hippias, 570–490 BCE) 於西元前 510 年，在斯巴達干預下被驅逐出境。

四、民主派克里斯提尼 (Cleisthenes, 570–508 BCE) 的改革

　　庇西特拉圖次子的政權被推翻之後，雅典的貴族分成兩派：一派由伊沙格拉斯 (Isagoras) 領導，另一派則以克里斯提尼為首。

贊成民主政體的貴族克里斯提尼不願見到伊沙格拉斯所領導的集團因斯巴達人扶植而掌權，因此尋求下層階級庇西特拉圖派支持者的協助，奪得政權。

克里斯提尼與梭倫一樣，在政治制度方面有一些重大的改革，不同的是，他不想回到梭倫時代的寡頭政治。因此克里斯提尼在政治方面的改革大致如下：　1.廢除梭倫依貧富區分公民等級的制度，改依地域分雅典公民為十個新部落，每個部落包含若干散布於雅典境內的「區」(Demes)。重新安排之後，部族無足輕重，重要的是區本身，雅典境內有兩百多個區。其功能約與現代的行政區域雷同。克里斯提尼藉此消弭傳統的家庭組織，用全新基於理性的體制，取代沿襲已久、頗具權威的慣例，以對整個城邦的忠誠取代傳統對部落或氏族的忠順。2.克里斯提尼將梭倫所創的「四百人會議」擴大為「五百人會議」。分成十個五人團體，或稱委員會，每一委員會擔任指導國家的事務十分之一年。主席一職，每日輪流。因一人只能不連續地在百人會議任職兩年，所以大部分公民皆能在此機構服務。會議有權動議立法，草擬政策，提供全民會議表決，推進與監督行政的進行。　3.克里斯提尼希望民主政體能成為雅典政府的永久形式。為了防止僭主制度恢復，實行「陶片流放制度」，雅典人每年有一次機會在陶片上刻下他們認為會危害國家的人名。得票數最多者須被強制驅離雅典十年。

透過克里斯提尼的改革，雅典在西元前第五世紀中葉不同於其他城邦，實現相當程度的直接民主。

圖 15：陶片流放制所使用的陶片，上面寫的名字是特密斯托克利

五、民主制度臻於完善

　　雅典的民主政治制度，發展至伯利克里斯時代趨於完善。此時期議會有批准或否決議院所提議案之權力及立法權力。著名的十總監委員會 (The Board of Cenerals)，由議會選出，任期一年，可無限期連選連任，不僅擔任國家軍隊的指揮官，也是國家的立法與行政長官。表面上他們握有龐大的權力，但仍然無法成為僭主，因他們所提的政策須經議會審查。

　　雅典的法庭系統也在伯利克里斯時代發展完成。此時期設立許多平民法庭，審理各類案件，不同於以往只有一個最高法庭聽取行政長官的決定，平民法庭在每一年的年初，以抽籤方式從全

國各地選出六千人，將這些人組成獨立的陪審團審理較特殊案件。這些陪審團在法庭裡占有相當重要的地位，他們有權以多數決定案件中所涉及的每一個問題。因此名義上雖說由一位行政長官主持，實際上卻毫無審判特權。陪審團本身即是法官，凡是一經陪審團判決後即不得再上訴。

戰爭中的希臘

第一節　波希戰爭

一、波希戰爭的緣由

　　西元前六世紀時，波斯帝國已征服了小亞細亞地區的希臘城邦。然而在西元前 499 年，小亞細亞的愛奧尼亞人企圖叛變時，雅典人曾協助其脫離波斯人的統治，但此次叛變並未成功。因此波斯帝王大流士一世 (Darius I, 550–486 BCE) 決心要征服希臘世界做為報復。

二、波希戰爭的過程——馬拉松

　　大流士在西元前 490 年發動攻勢，得到喜庇雅斯協助，進攻雅典與厄立特里亞。當波斯大軍進攻厄立特里亞時，雅典出兵援助，並請求斯巴達支援，但斯巴達不肯立即出兵，雅典就在幾乎

圖 16：波希戰爭路線圖

圖 17：波希交戰成為器物裝飾的流行主題

沒有得到任何援軍的情況下，在馬拉松一地擊潰波斯大軍；此次的戰役在歷史上具有決定性的意義，因雅典人成功地粉碎了波斯滅亡希臘的美夢。

十年後，波斯帝國新繼承者薛西斯 (Xerxes, 518–465 BCE) 組成一支二十五萬士兵和五百多艘船的侵略大軍，欲再度入侵希臘，使其成為波斯的一省。此次戰役中，希臘的許多城邦（如斯巴達等）都加入雅典的陣容，同仇敵愾地保衛他們的獨立與自由。

西元前 480 年，波斯軍隊由北方越過德摩比利山道，並消滅了雷奧尼達 (Leonidas) 的三百名士兵，此時貝奧提亞 (Beoite) 和阿提加半島慘遭蹂躪，雅典也未能倖免，被波斯人焚毀衛城。所幸此時雅典出現一位優秀的將軍——特密斯托克利 (Themistocles, 524–459 BCE)，利用洛力母礦山的收入，編列一支備戰艦隊，雅典人遂藉由這支艦隊在薩拉密島 (Salamis) 大敗波斯

人；另外，斯巴達人領導的希臘軍隊在阿提加西北方的普拉托 (Plataoa) 也擊敗波斯軍隊，迫使波斯帝國放棄征服希臘。

波希戰爭在西方的歷史上有著重大意義。如果希臘人在此次戰役中敗給波斯帝國，西方的文化與政治發展必定斷送；也由於此戰役的勝利，使希臘自由理想未被近東的專制主義所動搖。

三、提洛同盟

雖然希臘人在普拉托一役獲得勝利，但並未立即使愛奧尼亞城邦完全脫離波斯人的控制。希臘人害怕波斯人會再次入侵，因此約有一百五十個希臘城邦，於西元前 478 年組成同盟。

同盟總部設於提洛島 (Delos) 上，於是便將此同盟稱為「提洛同盟」。參加同盟的各個城邦，除組織一支聯合艦隊外，每年尚須依其歲入，繳納一定的金額，作為維持聯合艦隊的費用。但隨著時間的推移，雅典的商業與海軍發展皆遠超過其他城邦，於是雅典逐漸將此同盟發展成為一個海軍帝國，以促進自身的利益，甚至利用同盟的公庫達成自身目的，試圖壓制其他同盟城邦，使他們成為雅典的附庸，若有同盟城邦反抗，便以武力鎮壓，並且把它視為征服的對象，強迫它們進貢雅典。如此高壓的手段引起斯巴達人的疑慮，害怕雅典不久會將霸權延伸至全希臘。

第二節　伯羅奔尼撒戰爭

一、伯羅奔尼撒戰爭的原因

　　此次的戰爭乃是雅典與斯巴達之間的戰爭，導致戰爭的原因是雅典的帝國主義在提洛同盟與日益繁榮的商業基礎下，逐漸形成其霸權，也迅速擴張，因此引起斯巴達人不滿。雅典與斯巴達之間社會文化的不同，則是引起戰爭的第二個主因。

　　雅典與斯巴達政治體制的對立無法改變，如雅典企圖在同盟城邦中傳播民主思想，斯巴達人卻不以為然。斯巴達被視為貴族階級的保護者，並與寡頭政治的執政者建立關係。但就雅典人的觀點，卻是要求他的同盟城邦驅逐寡頭政治的執政者。文化藝術方面，雅典是文學藝術繁榮發達的國家；斯巴達的文化較落後、鄙俗。種種的差異之下，衝突自然在所難免。導致衝突趨於白熱化過程中，經濟因素占了很大的原因，野心勃勃的雅典欲占有與西西里島及義大利南部通商的主要通道科林斯灣 (Corinthian Gulf)，此事件促使雅典成了斯巴達主要盟友科林斯的死對頭。

二、戰爭的爆發與雅典的戰敗

　　戰爭爆發於西元前 431 年，結束於西元前 404 年。與斯巴達同盟的部隊入侵阿提加半島，並燒毀大量的農作物，西元前 430 年，雅典遭受瘟疫的襲擊，奪走約三分之一人口，然此時斯巴達

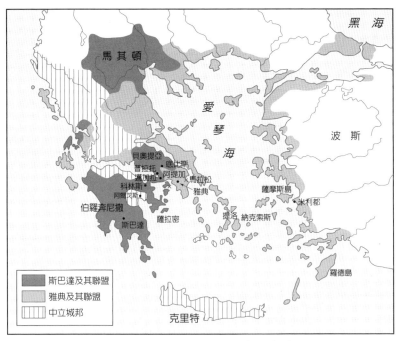

圖 18：伯羅奔尼撒戰爭時的希臘

仍無力徹底摧毀雅典的部隊。交戰的雙方因此在西元前 421 年簽訂和約。

　　西元前 415 年，雅典揮軍西征西西里島，導致戰爭重新爆發，最後由於士氣不振，又加上敘拉古人得到其他城邦援助，雅典只好同意撤軍；撤軍過程中巧遇月蝕，雅典的領軍尼西亞斯 (Nicias, 470–413 BCE) 聽從占卜師的建議，延後二十七天才撤軍。然而敘拉古人已趁此期間，全面封鎖港口。雅典人拼死從海路突圍不成，轉而從陸路脫困。雅典與其同盟城邦此次西征損失相當慘重，最後不得不投降，提洛同盟也在雅典戰敗後被解散。

　　雅典戰敗後，政治也發生變化。寡頭派利用遠征失敗，人心渙散的局面，在西元前 411 年控制雅典，組成四百人會議。為了削弱下層階級的權力，四百人會議將公民權限制於四千名男子。於是西元前 404 年雅典戰敗後，寡頭派得到斯巴達的支持，又一次控制局勢。

馬其頓的征服與
希臘化時代

第一節　馬其頓的崛起

一、馬其頓的興起與菲利的統治

　　馬其頓位於希臘半島東半部以北的地方。它是個多山的小國，人民大部分具有刻苦耐勞的特質。馬其頓人將自己視為希臘世界的一部分，因此希臘文化在這裡受到高度的尊敬。但在希臘人的眼中，馬其頓只不過是個野蠻落後的國家。儘管如此，馬其頓人還是從希臘人那裡學習一些希臘文化，反過來征服希臘。

　　西元前 359 年，二十三歲的菲利 (Philip, 382–336 BCE) 成為馬其頓國王。馬其頓就在其經營下逐漸興起。在其繼任王位之前，菲利曾在底比斯當了三年的人質。他在這段期間裡，除習得希臘文化之外，更學會了如何領導軍隊。於是他在即位後，便推行了一連串的革新，尤其是部隊的改革。由農民之中徵調一些人組成

常備軍，又改良了希臘人在軍事上所使用一種名為方陣 (Phalanx)
的陣式（希臘人的陣式較小，其士兵所帶的槍也較小）。此外，菲
利又訓練一支騎兵以密集的陣型在方陣的兩旁活動，遂使馬其頓
的軍隊成為一支優秀的軍隊。又加上他深知希臘各城邦的弱點，
於是決定征服他們。採取遠交近攻的策略，將之個個擊破。

　　他先占領了愛琴海到赫勒斯滂 (Hellespont) 以北的地方，接著
侵略希臘各城邦。菲利的舉動震驚了希臘人，雅典的演說家德謨
斯提尼 (Demosthenes, 384–322 BCE) 於是發表一連串反對菲利的
演說，希望藉此團結希臘人起來反抗馬其頓。雖然希臘人組織聯
盟對抗馬其頓，但最後仍在西元前 338 年，於克羅尼亞
(Chaeronea) 敗給馬其頓軍隊。菲利因此成為希臘各城邦聯盟的盟
主（斯巴達除外）。

　　菲利雖征服希臘許多城邦，但並未採取高壓的手段治理，反
而團結希臘人，允許被征服的各個城邦保有他們的自治政府，並
聯合組成一個名為希利尼 (Hillenic League) 的同盟，由馬其頓擔
任盟主。另由各城邦選出代表組成「邦聯會議」，共同討論解決重
大問題。希臘各城邦就在菲利的領導下，逐漸團結成為一個強大
的國家。

二、東征波斯

　　在菲利的勢力遍及整個希臘時，位於東方的波斯曾兩次入侵
希臘，並干預希臘的內戰。菲利認為要保有希臘長久的和平，只
有消滅波斯一途，於是在邦聯會議提出東征波斯的建議。各邦代

表討論過後，通過了此項提議，組織各邦聯軍東征，以報波斯入侵希臘之仇。

但在西元前 336 年，東征前鋒部隊出發之際，菲利卻被刺殺身亡，東征行動只好宣告暫停，由其子亞歷山大 (Alexander the Great, 356–323 BCE) 繼承王位。

三、亞歷山大

菲利被刺殺身亡之後，許多被征服的地方發生叛變，亞歷山大花了兩年時間平定它們。西元前 334 年，亞歷山大繼承父志率軍出發東征波斯，首先占領小亞細亞，接著進入敘利亞，並且在伊蘇斯戰役 (Issus, 333BCE) 擊敗波斯軍隊，波斯君主大流士三世 (Darius III, 380–330 BCE) 僅以身免。亞歷山大又在西元前 331 年初，攻入埃及。埃及雖為波斯統治近二百年之久，但並不支持波斯。因此在亞歷山大大軍進入埃及時，埃及人不戰而降。他對於

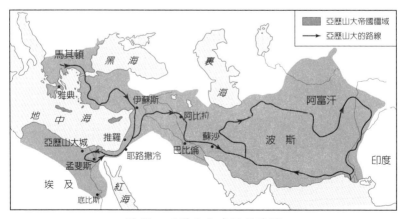

圖 19：亞歷山大帝國疆域圖

埃及相當寬大，尊重其原有的宗教，自任埃及的法老。亞歷山大任命官員治理這個國家，並且在尼羅河口建立一座新城，名為亞歷山大城 (Alexandria)，作為政治與文化的中心。

西元前 331 年，亞歷山大繼續自埃及領軍北上，進入美索不達米亞 (Mesopotamia)，追擊大流士及其軍隊，在底格里斯河東岸的高加梅拉，英勇的馬其頓人擊敗了波斯軍隊，大流士三世逃走，但不久就被波斯的謀反者刺殺身亡。亞歷山大得知此消息後，假借為大流士復仇，追擊反叛者並占領波斯。他厚葬大流士三世，並優待其眷屬以攏絡波斯人的心。此外他還倡導與波斯人通婚，鼓勵士兵與波斯女子通婚，更以身作則娶了波斯公主羅莎娜 (Roxana) 為妻。

統治波斯四年之後，亞歷山大繼續向亞洲深入推進，率軍越過阿富汗攻入印度河流域，印度人奮勇抵抗仍告失敗。他占領印度河流域之後，原本有意繼續深入印度腹地，但將士們無法適應印度炎熱的氣候，不願繼續跟隨亞歷山大，亞歷山大只好採納眾議，於西元前 324 年率大軍返回巴比倫 (Babylon)，並以巴比倫為帝國的首都。此後，亞歷山大又計畫征服阿拉伯半島和西地中海，但計畫並沒有實現，他在西元前 323 年突然病逝巴比倫，享年三十三歲。

第二節　希臘化時代

一、帝國分裂

西元前 323 年亞歷山大逝世，此時他已建立了一個幅員廣大的帝國。他突然逝世後，其妻波斯公主產下一子，但手下的將軍們互相爭權，經過二十餘年的紛爭，帝國分裂為三個強大的王國。

第一個是馬其頓王國，除獲得馬其頓外，並設法控制希臘，占有帝國歐洲的部分。第二個是塞琉卡斯 (Seleucus) 王國，其領土由歐洲本土的色雷斯經小亞細亞直抵兩河流域，北達裏海，南至波斯灣和印度洋，東抵印度邊界。第三個是托勒密 (Ptolenry) 建立的埃及王國，占領帝國非洲的部分。

帝國雖然分裂，但由於亞歷山大東征期間，在各地建立許多新城市，這些新城市有許多希臘移民，希臘的文化也隨之傳播至各地，此後三百年間遂被稱為「希臘化時代」(Hellenistic Age)。

二、各希臘化王國的鬥爭

西元前三世紀，托勒密王國是希臘化世界中最顯赫的大國，在經濟、政治或文化等各方面，皆有顯著的發展，如北埃及的亞歷山大城，在希臘化世界中是最重要的文化中心。但到了西元前二世紀，由於內亂、宮廷鬥爭及與塞琉卡斯王國的戰爭等一連串事件，削弱了托勒密王國的力量。

　　塞琉卡斯王國野心勃勃欲向西擴張，但受到托勒密王國的阻擋。西元前三世紀，這兩個希臘化王國之間戰爭不斷，但最後塞琉卡斯王國打敗托勒密王國。此時馬其頓王國見托勒密戰敗，便趁機攫取其於埃及的部分領地。

　　塞琉卡斯王國打敗托勒密王國之後，於西元前 169 年至前 168 年間，企圖將埃及併入版圖，但受到西方新興的羅馬阻撓。

三、希臘化時期的商業與貿易

　　希臘化時期城市的商業活動規模遠超過古希臘城邦，建立了新貿易路線，連接歐、亞、非三洲，海上貿易亦相當繁榮，許多船隻航行於歐、亞、非各洲的河川。此時商人的權益也受到法律的保障，商業的手段更加高明，如人民可向銀行貸款，但須付利息，也可使用支票與匯票。希臘化時期藉由貿易與商業，將各國連接起來並促進了文化的融合與發展。

　　此時的貿易商品有建築材料、礦產、衣服原料、食物及香料等各類物品。由於商業的發達，許多城市和島國也因此而繁榮，成為當時著名的貿易中心。如提洛島是著名的穀物及奴隸市場；米利都則以羊毛聞名；科斯島以絲馳名。此時義大利許多城市也因貿易而逐漸繁榮，如龐貝 (Pompeii)。然而在這些城市中，以托勒密王國都城所在的亞歷山大城最重要。

四、偉大的文化中心──亞歷山大城

　　這座位於北埃及的城市，由亞歷山大大帝於西元前四世紀所

建立,帝國分裂後,歸托勒密王國統治。希臘化時期它除了是商
業中心,同時也是文化中心,由政府支持設立一所藏書七十萬卷
的圖書館和一個大博物館,這座博物館有來自世界各地的學者,
他們在此做研究並且教授學生,課程包括植物學、動物學、天文
學、化學、物理學、解剖學、醫學、哲學和外科手術。政府為了
方便這些學者研究,還設有天文臺、實驗室以供學者使用。甚至
還將被判刑的犯人送給醫生,作為活體解剖的教材。

　　在這樣的條件之下,亞歷山大城成為希臘化世界中最重要的
文化中心。因此希臘化時代,無論在思想、科學、醫學或天文學
等各方面,均有突破性的發展,與古希臘文化不太一樣,所以後
世便將此時期的文化稱為「泛希臘文化」。

圖 20:亞歷山大城的神廟遺址,其上的凱旋柱為羅馬帝國時代所立

第六章 │ *Chapter 6*

希臘文化

第一節　文　化

一、宗教

希臘宗教經歷了許多的發展，在克里特和腓尼基的宗教根源上，加上印歐及東方文化的影響。希臘的藝術、文學、宗教、建築大都由宗教儀式發展出來，例如荷馬史詩中就曾出現奧林帕斯諸神。宗教對希臘人而言相當重要。其主要特色如下：

1.關於自然現象的解釋

希臘人透過神來解釋大自然的現象，如太陽的運行──他們認為是由阿波羅神 (Apollo) 駕著他的戰車橫過天際所形成；宙斯 (Zeus) 的憤怒則是雷聲與閃電形成的原因 ；大地女神狄密特 (Demeter) 則掌管五穀豐收。總之在每一種自然的現象背後，都有一個掌管者。希臘人此種思想乃源自於萬物有靈的論調。

2.德爾菲神諭

阿波羅神為了向人們宣示它的旨意，透過德爾菲神諭傳達給世人。希臘人對此深信不移，希臘人在制定憲法、處理日常瑣事、房屋買賣等，皆會參考德爾菲神諭。

3.奧林匹克運動會

希臘人每隔四年，就會在奧林匹亞舉行運動會，主要的目的是祭拜天神，是一種宗教祭典。

4.埃勒西斯的神秘祭典

據說埃勒西斯距雅典不遠，此處有一個充滿神秘色彩的祭典。祭典顯示的涵義是大地回春、死者復生與個人不朽的宗教觀念。希臘每個城邦皆有自己獨特的宗教慶典，因每個城邦皆有自己所崇拜的城邦守護神，藉此將宗教與愛國心合而為一。

二、服飾

希臘人的服裝相當簡單、樸素，通常只有一塊布披在身上，用搭扣一扣或稍微縫一下即是一件衣服，所以服裝的款式相當隨性。希臘女性有的穿著無袖的長衣，在腰繫上腰帶以封住敞開處；有的女性穿著無袖的袍子，利用柔和輕巧的織物縫製而成，可利用腰帶調整衣褶的長度，這樣的服飾是屬於愛奧尼亞式的服裝，這類的服裝緊裹身體，因此女子外出至公共場合，在外面皆會罩上一件大衣式的無袖外衣。

希臘人若穿上比較華麗、精美的服裝時，所佩帶的飾品及所用的香料也會比較隆重一點，因此整體看來較優雅。希臘人習慣

光著腳走路或是穿上涼鞋。

三、飲食與居住

希臘人吃得相當清淡，常吃的有乾菜作成的醬、無花果及橄欖，肉類很少出現在餐桌上，雖然希臘人也吃魚，但量並不多。至於酒他們通常是用在宴會上。

圖 21：希臘婦女的服飾

希臘人所居住的房子，就一般百姓而言，大多是由並不很穩固的窯製磚頭砌造而成，以蘆葦和稻草覆蓋屋頂，小偷很容易侵入。比較富裕的人會採用瓦片。

也有比較豪華的住宅，其建造形式是將附屬房屋，分散於庭院的四周，有些還會在頂樓加蓋一層樓，並建上樓的木梯子，但這樣的建築較少，大多只有一層。住宅內所採用的家具也較普通人家講究，如帆布的床、擺上幾件精緻的陶瓷器，廚房用的爐子、牆壁與天花板也有極為奢侈的彩繪。

四、生活習慣

基本上一般希臘男人待在家中的時間並不多，或許是因居住的地方狹窄、擁擠。故大部分的人皆會早早出門，但婦女們和孩

子的活動場所大部分是在家中。通常比較富裕的人家，會特地為
女子們建造幾間房間讓她們活動，這些房間被稱為「女眷內室」。

當時的希臘男人們除了下田耕種外，只要有空閒他們便會參
與公民大會或民眾法庭的會議，但女子沒有參與政治的權力，只
能天天待在家中從事家務。

五、教育

希臘的教育除斯巴達外，大部分城邦皆實行類似的教育制度，
在此以雅典的教育為例。雅典的教育又可稱之為「美的教育」，其
內涵包括廣博與優雅教育兩部分。

在廣博教育方面，內容包括智育、美育、體育及通才教育。
基於此，雅典設立了三種學校，一為文法學校，專門指導學生學
習文法，了解語意、練習算數。二為體育學校，訓練學生的體能，
培養優雅姿態，學習控制情緒及培養良好的道德。三為音樂學習，
讓學生透過音樂的薰陶，陶冶性情、消除暴戾之氣。以上三種學
校，雅典的小孩皆可同時進入學校學習。

在優雅教育方面，主要內容為：1.教導孩童在體育競賽中，
贏得冠軍或是打破紀錄並不是最重要，重要的是比賽的過程中，
成為保持動作優美、體態高貴以及面不改色的運動家；2.樂器教
學時，教師選擇七弦琴而不使用笛子，因笛子吹奏易使嘴巴變形，
喪失美感；3.體態的訓練，訓練孩童無論動或靜，皆須合乎美感，
對於坐姿亦有要求，坐時忌交腿，與人應對、言談皆須適度。

除廣博教育及優雅教育外，他們的生活教育也相當具有特色。

雅典人經常到市場、法庭、劇院中參觀藝術作品，並參與公眾演說及辯論。他們藉由這些活動互相交換意見、傳遞消息，培養人民容忍與節制。有許多風俗習慣，亦因人民互相討論而更加理性，因此整個社會的活動皆是教育活動。

六、科學

希臘人對科學有相當程度的喜好，他們受到埃及人的影響，但希臘人所發展的科學比埃及人進步，只是當時缺少精密的儀器證實其理論。一般而言，希臘的科學家通常也是著名的哲學家。

數學方面的創始者，乃是住在米利都的泰利斯 (Thales, 642–548 BCE)，其發明了幾項理論，這些理論最後被列入歐幾里得 (Euclid) 的幾何學中。畢達哥拉斯 (Pythagoras, 570–500 BCE) 對於數學的貢獻也頗大，其實他原本是個音樂家，但對數學有濃厚的興趣，發明了著名的「畢氏定理」。他認為宇宙的本質乃是數字，所以他將數學提高至宗教的地位，數字就成了他的神。

生物學方面比較著名的是亞那柴曼德 (Anaximander, 611–547 BCE)，他曾根據逐漸適應環境，進而獲得生存的原則，發現了一套有機體進化的粗略概念。他認為最早的動物生存在海裡，之後才逐漸演化至陸地，而人類乃是這種進化過程中的最後產物。

醫學方面的先驅者恩比道克里斯 (Empedocles, 494–434 BCE) 是土、火、雨水、空氣四要素原則的創始者，他發現血液進出於心臟，皮膚的毛細孔能幫助呼吸系統呼吸。另一位重要的學者是來自科斯島 (Cos) 的希波克拉底 (Hippocrates, c. 460–370

BCE)，他有「醫藥之父」之稱，他建立醫科學院，對於疾病真相判斷有很大的貢獻，也為臨床醫療建立基礎。他還發表四種體液理論，認為生病乃是由於體內的黃膽液、黑膽液、黏液與血液過多所導致。

第二節　藝　術

一、希臘藝術的特點

希臘人重視人類個體性的存在與價值，歌頌人乃宇宙間最重要的生物，將理想化的人類形象表現在藝術作品之中，並盡量作得跟神像一樣完美。歌頌、讚美人類肉體與精神，因而成為希臘藝術的特色之一。

希臘的建築與雕刻皆具體地表現均衡、和諧、秩序等特質。希臘人相當厭惡混亂、不協調、無節制。由於他們愛好自由，因此也不喜歡受壓抑，使其藝術表現的特性，一方面擺脫過度裝飾，另一方面也不受限定形式所拘束。

希臘的藝術家細心觀察自然與人類，盡量掌握人體的結構，努力地將其完整表現，無論是靜態或動態。由於他們細心的觀察，因此對於人體肌肉、形態的美，皆有一套獨特的見解。雖然古希臘藝術傾向寫實主義與自然主義，但也是理想主義。他們所追求的是比眼前事物更加完美的表現，對於事物的本質與形式的重視遠超過實際，因此希臘的雕刻絕不是將某個特定人物的形象重製，

而是反映完美的人體，這種人體被理想化，所以毫無缺點。

　　古希臘藝術與哲學家所持的觀點一致，他們重視每一個個人，並且均富有創造力，他們將構成古希臘文化特點的人文主義，作為藝術典範的精神，古希臘藝術即是將人置於大自然之中，使人的形體成為眾所注目的焦點，並且極力歌頌人類的美。

二、希臘藝術的三階段

　　綜觀希臘的藝術大致可將其分為三個時期。第一個時期為古樸時期（Archaic Period，西元前六至七世紀），此時期的雕刻作品大部分受埃及影響，可從雕刻呈現的形式得知，雕像皆正面而立、表情僵硬呆板且一隻腳在前；至於建築則處於萌芽的階段，興建了幾座粗劣的廟宇。第二個時期是古典時期（Classical Period，西元前五世紀），希臘的建築、雕刻在此時皆得到充分發展。第三個時期是希臘化時期（Hellenistic Period，西元前四世紀），此時期建築則喪失部分均衡與古樸的美感；雕刻也發展出新的特點，加入了寫實主義的色彩。

三、建築

　　希臘建築最突出的特色，即是由許多柱子支撐的長形列柱式，這些柱子可分為三種：1.愛奧尼亞式；2.科林斯式；3.多利克式。愛奧尼亞式有較細長且較柔美的柱子，其上有個平凹槽。科林斯式主要在希臘化時代流行，較愛奧尼亞式華麗。多利克式較為粗重有顯著凹槽的大圓柱，其上有一個平的、沒有裝飾的柱頭。最

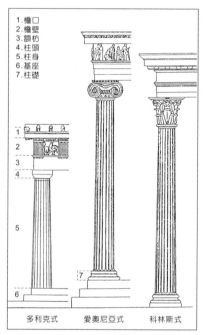

1.檐口
2.檐壁
3.額枋
4.柱頭
5.柱身
6.基座
7.柱礎

多利克式　　愛奧尼亞式　　科林斯式

圖 22：建築柱式——愛奧尼亞式、科林斯式、多利克式

圖 23：帕德嫩神廟

著名的代表是多利克式的雅典帕德嫩神廟 (Parthenon)，這個供奉雅典娜女神的神廟，乃是伯利克里斯的第一個雅典衛城工程，其圓柱向內凹，看起來更高貴，有種十全十美的感覺，它安放著菲迪亞斯 (Phidias, 490–430 BCE) 所作的巨大雅典娜女神雕像。雅典衛城是雅典權力和聲望的象徵，但不幸神廟在西元 1697 年毀於戰火，現今只剩斷垣殘壁。

四、雕刻

希臘雕刻的風格，主要由文獻記載與羅馬時代的仿製品得知，希臘的雕刻與建築骨肉相連，例如神廟建築上的浮雕飾帶、墓碑上的浮雕均是。除了和建築相結合之外，單獨的雕像也頗多，並以「人體美」為創作泉源，也是藝術史上裸體雕刻的起點。

古樸時期，人物雕像受埃及「正面性法則」影響，有樸拙生硬的感覺，大部分雕像身體僵硬而立，手臂垂至兩側，左腳微微往前踏出，少有動態，臉部正視前方，表情呆滯木訥。

古典時期逐漸掙脫古樸時期的風格，發展出具有生命力的寫實風格，強調精確、均衡、安定等理性化表現，為雕刻創造出另一新面貌。西元前五世紀中，希臘重要的雕刻家梅隆 (Myron) 在他最著名的作品「擲鐵餅者」中，將肌肉的線條表現得栩栩如生，成功地表現出瞬間的動感。西元前四世紀，有三個偉大的雕刻家，其中最具天份的乃是普拉西泰爾斯 (Praxiteles)，他以人性化的神像雕刻見稱，所刻的神像呈現出柔美優雅的姿態，較著名的作品有赫姆斯 (Hermes) 抱著小孩戴奧尼索斯 (Dionysus) 的雕像。有情

圖 24:「擲鐵餅者」　　　圖 25：赫姆斯抱著小孩戴奧尼
　　　　　　　　　　　索斯的雕像

感雕刻家美名的是史柯巴斯 (Scopas)，他著名的作品是一個宗教
忘形者處於神秘瘋狂的狀態中，此外還有注重立體感表現的萊希
帕斯 (Lysippos)，其作品被認為是首個古希臘立體雕塑。

五、繪畫

　　如同雕刻一樣，希臘繪畫流傳的作品極少，大多是在陶器、
杯盤、碗碟上。我們現在得以了解希臘繪畫，大都是靠這些器皿
上的彩繪、羅馬時代的仿製品以及文獻記載。表現在器皿上的彩
繪大致分為：幾何風格、東方風格、黑繪、紅繪。

圖 26：西元前六世紀的黑繪作品　圖 27：西元前五世紀的紅繪作品

1. 幾何風格 (1100–700 BCE)

即在器皿上畫滿各種簡單而有規則的幾何圖飾，這一類型作品起初沒有人物的裝飾圖案，直到西元前第八世紀才有明確的人物形象出現。

2. 東方風格 (750–600 BCE)

由於當時希臘商業貿易頗為發達，與近東地區也有商業往來，在這樣的交會下，因而有此風格產生，早期的器皿仍採用幾何圖案。後來以各類故事作為描繪的主題，如：〈伊里亞德〉、〈奧德賽〉、神話故事及人類日常生活等。以人物、動物作為裝飾的主題，作品尺寸逐漸增大，輪廓線條明確有力，筆觸肯定，造型活潑生動。

3. 黑繪——紅底黑描 (700–500 BCE)

將主題的形象以黑色顏料直接畫在橙紅色的陶土上，並用尖銳的針筆刻劃出輪廓線，然後將其烘燒，便產生黑色與橙紅色鮮

明的對比，此種黑繪技巧於西元前六世紀中葉達到顛峰。

4.紅繪——黑底紅描 (500 BCE)

由黑繪進入紅繪，其過程與雕刻由古拙時期進入古典時期頗為相似，即由構成性進入描寫性的表現。

六、保利妥斯與菲迪亞斯

保利妥斯 (Polygnotos) 及其弟子菲迪亞 (Pheidias, c. 480–430 BCE) 斯不僅是出色的畫家，同時也是著名的雕刻家。保利妥斯將畫中人物的七情六慾皆表達出來，其繪畫裡不僅有透視的筆法，亦有幾層透視的技巧出現，色彩方面也掌握得相當好。

菲迪亞斯的畫也相當著名。據說曾畫一幅小孩子吃葡萄的畫，作品完成之後，居然有鳥兒飛來想吃畫中的葡萄。

他們大多是畫壁畫，用膠蛋白與顏色混合，然後畫在已乾的牆壁上。當時還有另一種畫——蠟畫，用燒得火熱的金屬刷子沾上與蠟混合的顏色來畫。

第三節　文學與哲學

一、哀歌與抒情詩

繼荷馬史詩之後，西元前七世紀人們察覺自身的力量與重要性，出現更具個人化的體裁。首先是哀歌，其主題相當多樣化，從個人對感情的反應至愛國者和改革者的理想主義皆有。但一般

而言，哀歌較注重對生命醒悟做憂傷的反映，較具代表的作品，
有科勞豐的〈米姆耐爾姆哀歌〉及梭倫、梅加爾的〈德奧尼斯哀
歌〉等。

　　西元前六世紀和五世紀前期，哀歌逐漸為抒情詩所取代，此
種詩可配合音樂演唱，特別適於人們抒發情感。較具代表性的有
阿爾凱由斯 (Alcaeus, 620–580 BCE) 與莎芙 (Sappho, 630–570
BCE) 的抒情詩，這些抒情詩在音樂學校被演唱，亦有宮廷詩人
阿那可翁 (Anacreon, 582–485 BCE) 所做的〈亞歷山大詩〉。此外，
當時的詩人也創造出更加嚴肅、富有宗教氣息的合唱抒情詩，這
類作者中以底比斯的賓達 (Pindar, 518–438 BCE) 較具代表。

二、悲劇

　　希臘人最高的文學成就是悲劇，其起源與宗教有關，是為人
們對酒神戴奧尼索斯的崇拜而產生。在敬奉民間節日中，演唱者
吟唱自己生活中的點滴，扮演森林神者，圍繞著祭壇唱歌、跳舞，
演變成大家熟知的希臘悲劇。

1.埃斯奇勒斯

　　希臘第一個悲劇作家埃斯奇勒斯 (Aeschylus, 525–456 BCE)，
是曾參加過馬拉松戰役的雅典貴族，據說寫過八十多部劇本，但
遺留至今較完整的僅有七部，包括《波斯人》(*The Persians*)、《被
綁著的普羅米修斯》 (*Prometheus bound*) 及 《奧瑞斯提亞》
(*Oresteia*) 三部曲。

　　他深信世界由神聖的正義所統治，人們表現傲慢時就會遭受

懲罰，認為人們可從所受的苦難中獲得知識。這些信念都反映在其作品上，如《波斯人》是描寫希臘人戰勝波斯皇帝薛西斯的真實故事。波斯的失敗是因為薛西斯欲成為亞洲霸主的野心，違背了宙斯所定的秩序，因此他必須為其狂傲付出代價。

2. 索福克利斯

　　另一位雅典傑出的悲劇作家索福克利斯 (Sophocles, 496–406 BCE) 擅於塑造劇中各式各樣的角色，其創造出來的人物既具濃烈、豪放的特質，也不乏溫柔、細膩的情感。索福克利斯有意識地制定了人類完美的標準，他認為應像雕刻家雕塑作品一樣，個人也應按比例原則完成其個性。他比其先驅的風格更為典雅，所要表達的思想也更為深奧。

　　他的作品約有一百多部，在希臘史上算是個多產的作家，其著名的劇本還流傳至今的有：《伊底帕斯》(*Oedipus the King*)、《安提岡尼》(*Antigone*) 以及《厄勒克特拉》(*Electra*)。

3. 歐里庇得斯

　　歐里庇得斯 (Euripides, 480–406 BCE) 被喻為最後一位悲劇作家，他的作品表現出不同的精神，如詭辯論者一樣，歐里庇得斯對於人生問題加以分析、批判並勇於向傳統挑戰。正因此種勇於批判、挑戰傳統的精神，引來保守主義者的嚴厲批評。

　　他喜歡在作品中貶抑高傲者、提升較卑微者，故可以在其戲劇中看到平民、農夫甚至乞丐等身分較為低下的角色，其著名的作品包括《阿爾塞底斯》(*Alcestis*)、《美狄亞》(*Medea*)、《特洛伊的婦女》(*The Trojan Women*)。

三、喜劇

　　希臘喜劇的成就遠不及悲劇。喜劇與悲劇同樣從酒神崇拜產生，較著名的作者首推亞里斯多芬 (Aristophanes, 448–380 BCE)。他支持貴族政治，因此其劇本大多譏諷當時極端民主政治的思想及文化。他在《騎士》(*The Knight*) 一劇中嘲諷那些無能而又貪婪的政治家們，不計後果地投入帝國主義的行列。他又在《青蛙》(*The Frogs*) 中批評悲劇作家歐里庇得斯對戲劇所做的革新。《利西翠坦》(*Lysistrata*) 這部反戰的喜劇中，則描寫希臘婦女為了爭取和平，一致拒絕與他們的丈夫行房，以這種非正統的方式成功地達成目的。

　　他在《雲》(*The Clouds*) 一劇中，嘲笑那些詭辯論者教導年輕人放棄傳統的價值觀，從事無益而又瑣碎的邏輯推理方法，他將蘇格拉底列歸為此派，將其塑造成一個荒謬可笑的人物。

四、史學

　　希臘的黃金時代有兩位著名的史學家：希羅多德 (Herodotus, 484–425 BCE) 與修西底德 (Thucydides, c. 460–400 BCE)。有「歷史之父」之稱的希羅多德是小亞細亞地方的人，他曾遊歷波斯帝國、埃及、希臘、義大利等地，收集當地民族的資料。他最著名的是記述波希戰爭的《歷史》(*The Histories*)，他認為此次戰爭是東西方歷史性的戰爭，若是波斯戰勝，必定會斷送希臘的文明。

　　修西底德則被喻為「科學歷史的創始者」，因為他受詭辯學派

圖 28：希羅多德　　　圖 29：修西底德

與懷疑主義的影響。當他寫史時，必定以謹慎考察的證據為其基礎，將傳說、神話與傳聞排除在外。他所編寫的歷史主題是雅典與斯巴達間的戰爭。他採取較科學、冷靜、客觀的態度敘述史實，將事情的真相完全記錄，以供各時代的政治家與將領參考，並從中受益。但他過於注重政治因素而忽略社會經濟因素，也較不重視情感對歷史的重要性。

五、哲學

1. 哲學的先驅

　　西元前六世紀，小亞細亞西邊的愛奧尼亞希臘諸城邦，出現一些討論哲學的學者，他們對自然界形成的過程產生好奇，對早期關於世界起源的各種傳說感到懷疑，因此思索宇宙本質、真理

的問題，以及人生的目的與生存的意義。他們尋求一種規律、秩序的原則，不認為宇宙是由眾神或某一種盲目力量所支配。

2.米利都學派

學派創始人是泰利斯，他住在愛奧尼亞的米利都城，此派的成員皆是米利都人，故被稱為「米利都學派」。他們探討物質世界的本質為何，認為世間萬物，皆由一種獨特物質產生，因此，又有「物質哲學家」之稱。泰利斯認為「水」是萬物之源，而水透過類似形成冰的自然過程導致宇宙間萬物的形成。

另一位西元前六世紀的哲學家是愛奧尼亞人亞那柴曼德，他並不贊同泰利斯「水為萬物本源」的理論，並否認任何具有形體的物質為萬物之源，堅信某種固定形體的東西才是萬物的本源，將此稱為無限。他提供對自然與生命起源的解釋，走出神創世界的階段，向前邁進一大步。

阿那克西曼 (Anaximenes, 585–528 BCE) 主張宇宙的本質應為「空氣」，並為自然界的秩序提供解釋。空氣稀薄之後就會形成火，至於風、雲、水則是源自於濃縮的空氣，水進一步濃縮即成為石頭。

3.畢達哥拉斯學派

畢達哥拉斯與其信徒皆主張世界是一種抽象、數的關係，而非某種獨特的物質，他將重點由物質轉向形上學。畢達哥拉斯在克羅托內成立一個宗教團體，他與追隨者皆深信靈魂不滅與轉世的觀念，為達此境界須清除情慾上的一切邪念與慾望。

4. 帕爾門尼德斯

帕爾門尼德斯 (Parmenides, 515–450 BCE) 居住在義大利南部的愛利亞城，他反對愛奧尼亞人認為萬物起源於某一種原始物質的論點，並受畢達哥拉斯學派影響，將數學的邏輯應用於哲學論戰中，提出前後論點須一致，不能有矛盾之處，他堅持萬物是一元化、永恆，且固定不變的。人類透過大腦而非感官去認知真實世界，感官會令人產生錯覺。希臘本土的哲學家德謨克利特 (Democritus, 460–370 BCE) 認為，宇宙的模式應該有兩種基本實體：空間與無數的原子。這些數量無限、永不毀滅、不能分割的原子，儘管數量及形狀有別，但成分卻相同，並且在空間中運行，不停地結合、分裂，宇宙中的萬物皆是原子偶然碰撞而生的產物，也為自然界的變化提供了解釋。他是最早的「唯物論」倡導者，亦是「原子論」的始祖。

5. 詭辯學派對於人類及文化的探索

約西元前五世紀中葉，希臘哲學家放棄對自然界的探索，轉向人及人類社會，代表這種新知識傾向的是那些雲遊四海，以教授語法、修辭、數學、音樂及體育為職的教師們。「詭辯學派」(Sophists) 這個名詞原意是智者，後來逐漸意指專門持似是而非說法的人。

詭辯學者認為探索宇宙的本質徒勞無功，因它的層次已超越人類所能認知的範圍，因此他們極力主張理性應用於研究人與人類文化等相關課題上。

最著名的詭辯學家普羅塔哥拉 (Protagoras, 485–415 BCE) 主

要在雅典講學，他曾說：「人是萬物的尺度。」此句話代表其哲學的觀點，亦可代表詭辯學派哲學的精華所在。他認為善與惡、真理與謬論皆屬於個人的判斷，並沒有所謂的對或錯，因此世界上並沒有適用於任何人或任何時間的永恆標準。

詭辯學者將理性應用於人類事務中，對雅典社會傳統的宗教觀與道德觀提出批評，有一些詭辯學者認為宗教的創立是為了確保人民服從法律及傳統。

詭辯學者同樣地將此觀點應用於法律，削弱了傳統的權威。他們認為每個城邦的法律制定，並沒有特定的客觀標準。每個城邦皆可自己決定什麼是善與惡，什麼是正義與不正義。基於上述觀點，有些詭辯論者提出改變法律以適應新環境的主張，更有一些極端的詭辯學者認為，法律是精明的強者為了自身利益而定，弱者無法抗拒，只有默默接受。

詭辯學者反對希臘人的奴隸制度與種族排外的傳統觀點。他們認為就本質而言，人不應有奴隸與主人的區分，希臘人與非希臘人也並無不同。然而詭辯學者雖然擴大了哲學研究的對象，但其主張遭到部分傳統哲學家反對，因此產生「新哲學運動」，代表人物為希臘史上最著名的三位哲人：蘇格拉底 (Socrates, 469–399 BCE)、柏拉圖 (Plato, 427–347 BCE) 及亞里斯多德 (Aristotle, 384–322 BCE)。

6.蘇格拉底

蘇格拉底生於雅典，他與詭辯論者皆認為：了解人與社會事物，遠比了解自然重要；並且認為可透過宗教提升人類的素質、

圖 30：「蘇格拉底之死」

涵養。但蘇格拉底對於詭辯論者仍有許多不贊同的地方，他是個愛智之人，勇於追求真理。蘇格拉底思想起源是懷疑，他的問答法即教人應有懷疑的精神，不要輕易相信過去的成見。

　　他認為每個人應當根據一個普遍、被認可的標準，來規範自己的行為，道德須建立在超宗教的基礎上，真正的道德與知識有著密不可分的關係，這樣才可稱之為「真善」，如此一來擁有真知，人就不會輕易犯錯了。

　　蘇格拉底一生致力於啟發年輕人，最後因「腐化青年，傳入新宗教」的罪名被處死。其一生在希臘文化與民主最燦爛的時期中渡過，同時也經歷了悲慘的戰爭。

7.柏拉圖

柏拉圖生於雅典的貴族家庭，為蘇格拉底的學生。真名為亞理士多立克，柏拉圖只是綽號。他是個多產的作家，較著名的作品是一些對話集，如《辯訴篇》(*Apology*)、《普羅泰戈拉篇》(*Protagoras*)、《泰米歐斯篇》(*Timaeus*) 及《理想國》(*The Republic*) 等。柏拉圖認為「正義」作為人們公認的普遍原則確實存在，可以透過思想實現。但他也認為必定有一個由永恆觀念組成的更高精神境界，即真善、正義及永恆不變的普遍真理。這些原則形式構成善的生活，了解這些形式即把握住最後的真理。

柏拉圖將世界分為感官與觀念兩部分，認為真理存在於觀念世界而非感官世界。他認為觀念世界才是永恆不變的，真理是透過理性知識，而非透過感官產生的知識所獲得。

柏拉圖的倫理哲學與宗教思想與其觀念學說有密不可分的關係。他深信真正的美德須建立於知識的基礎上，但來自感官的知識是有限、可變的，因此真正的美須得自對善與正義永恆觀念的理解。他不贊同唯物主義，也不認同機械論，他相信靈魂不滅而且永久存在。

政治方面，柏拉圖對於雅典的民主政治相當失望。他並不認同雅典的民主政治是最好的政治模式，而比較嚮往大希臘的「僭主政治」。

柏拉圖在《理想國》提出一個建設社會的計畫。他將人分為三個主要的階級，最低階級代表食慾功能，保括農人、技工、商人；第二個階級則代表意志分子，由軍人所組成；最高階級代表

理智的功能，由有智慧的貴族組成。這些階級各盡其職，其劃分並非以出身或財產為依據，而是一個人的功能加以挑選、分類，再以教育造就。故農人、商人、技工一定是智力最低的人，而哲學家一定是智力最高的人。

8. 亞里斯多德

　　亞里斯多德為柏拉圖最著名的弟子。他是醫生之子，十七歲進入柏拉圖學園，在那做了二十年的學生與教師。西元前 343 年，應馬其頓國王菲利之邀，擔任亞歷山大的個人教師。七年後回到雅典創辦自己的學校「蘭心學院」(Lyceum)，直到西元前 322 年去世。他的興趣相當廣泛，包括邏輯學、生物學、形上學、修辭學、倫理學、自然科學和政治理論。他的著作比柏拉圖多，主題更多樣化，可惜流傳至今的作品並不多。

　　亞里斯多德對於宇宙的觀點與其師柏拉圖不同。他同意柏拉圖所說，一般觀念都是實在的，來自感官的知識有限、不完全正確。但不認同柏拉圖關於一個超越時空、獨立形式世界的說法，認為這與常理相違背。他認為形式與物質同等重要，兩者皆是永恆的，且彼此不能分開而單獨存在。

　　亞里斯多德承認人並非完全理性，人們的性格中仍有感情、慾望存在，他不贊同苦行，強調正確教育可使人學會適當地控制這種慾望。當人們採取適度的態度而摒棄過於極端的行為，就能獲得幸福和美德，凡事持中庸之道就能獲得圓滿。

　　亞里斯多德認為最好的政治型態，是由中等階級公民所形成，此階級的人數必須保持相當多數，如此才能防止財富過於集中。

他認為有權、有勢、有財的上層階級不易服從權威；下層階級的人沒有統治的能力，因此只有中等階級的人較適合成為國家的統治者。

第四節　泛希臘文化

一、何謂泛希臘文化

亞歷山大大帝去世 (323 BCE) 後便進入了希臘化時代，而此時期所發展出來的文化，就稱為「泛希臘文化」。昔日曾繁榮一時的古希臘文化雖被取代，但舊有的制度與生活方式，當然不可能瞬間消失，亞歷山大的征服，擾亂了原有的秩序，想要完全恢復已經不可能了。

由於亞歷山大的征服，促成了不同民族間文化的融合，於是原有的古典希臘文化產生了變化。以古希臘文化與東方文化融合為基礎，發展出一種新型態的文化，即是「泛希臘文化」。

儘管在亞歷山大大帝死後，希臘文化為泛希臘文化所取代，但仍舊以古希臘文化為基礎，如新文化所使用的文字、語言仍以古希臘文為主，泛希臘文化的科學也是以古希臘科學為基礎。

雖然泛希臘文化與古希臘文化有許多相似的地方，但泛希臘文化畢竟融入了一些新元素，因此在許多地方仍有異於古希臘文化。在政治方面，古希臘文明的城邦政治一直是人民的生活重心，但隨著希臘化時代到來，城邦政治逐漸為專制政體取代，世界主

義亦漸深入這些新統治者的心中。

在經濟、文學、藝術等各方面，也不同於古希臘時期。由此可知泛希臘文化與古希臘文化迥然不同，可以說是個新文明時代。

二、哲學

希臘化時代的哲學家們承襲了古希臘哲學的「理性」傳統。他們與古希臘時期的哲人一樣深信，宇宙能夠被人類理性所理解的普遍規律支配。他們均在尋找一個符合理性標準的人類行為規則，並且認為人類可以透過自身的努力而獲得幸福。

希臘化時代的思想家、哲學家們所關注的問題，是孤獨的個人與社會關係，故此時哲學家所要解決的問題，是個人與城邦間的關係被削弱後所產生的疏離感。總而言之，泛希臘時代的哲學家所關心的是如何了解人類的狀況，並致力於舒緩人的精神狀態與危機感。此時期，四個比較著名的哲學學派分別是伊比鳩魯、斯多噶、懷疑主義和犬儒學派。

1.伊比鳩魯學派

伊比鳩魯學派由伊比鳩魯 (Epicurus, 342–270 BCE) 創立，他出生於薩摩斯島，西元前四世紀末在雅典創立一所學園。他主張增加個人的快樂，但反對過度縱慾，他認為過度的縱慾必定會有一份痛苦與之相抵，但對身體給予中庸適度的滿足是被允許的，並可將之視為善的本身。

伊比鳩魯認為神對人世的干預以及人恐懼死後會遭受苦難等因素，皆是人類精神恍惚的主要原因。為了擺脫這種極度痛苦的

根源，他傾向於一種無神的自然論調。因此他接受了德謨克利特所提出的說法：萬物皆與由運轉的原子所構成之物理有關。伊比鳩魯雖接受了原子學家的唯物論，但對於機械論並不接受，他堅信原子擁有脫離運行軌道而與其他原子結合的自然能力，因此原子在相互碰撞結合後所構成的宇宙中，就不存在一個支配萬物的神明。又說即使有神明存在，也不會干預人類的事務，所以人類能夠自在地決定自己的生活。由此可知伊比鳩魯是以一名道德哲學家的角度接受原子論，欲將人類的感性生活從對神明的恐懼中完全解放出來。

伊比鳩魯的倫理學說及政治學說皆建立在功利主義的基礎上，他認為人之所以行善即是為了增加自己的幸福，並且認為法律與制度只有在為每個人的福利有貢獻時才算公正，由此可知在他的觀念裡，不相信世上有絕對公正的存在，伊比鳩魯主張有智慧的人，不應過度重視政治生活或社會生活，因為那會使人產生煩惱，同樣地，聰明的人不應讓愛與恨的慾望主宰心靈。對於什麼樣的生活才是幸福，他所持的觀念較被動及傾向失敗主義，他認為當人們擔心死亡及急於討好神明時，皆不會有幸福可言。

2.斯多噶學派

斯多噶學派是由芝諾 (Zeno, 336 264 BCE) 所創立，因其曾在雅典的廊柱下講學，此派又有「廊柱學派」之稱。此學派認為人須依照理性與自然而生活，並相信自然界一切皆是美好的、有理性的。在道德方面，他們相信人可透過理性控制自己的情感，主張人應該在道德層面上不斷地提升，使自己更加完美。

　　斯多噶學派認為人與人之間應是相互平等的,並應持有「四海之內皆兄弟」、「民胞物與」的觀念,這對西方思想有相當深遠的影響。由於斯多噶主張四海之內皆兄弟,因此每個人的地位同等重要,故沒有種族、地位高低之分。他又認為人類的法律不應與自然規律相衝突,上述的觀念之後均融入了羅馬的法律、哲學及基督教思想中。

3.懷疑主義

　　懷疑主義在卡尼得斯 (Carneades, 213–129 BCE) 的影響下開始風行,也在此時達於巔峰。斯多噶與伊比鳩魯的學說皆在追求精神的平靜,但斯多噶學派仍置身於政治生活與社會生活,而懷疑主義則對於伊比鳩魯與斯多噶學派的主張提出批評。

　　懷疑主義者對於一些理論採取漠視的態度,並規勸人們應接受並信服已存在的觀念,無論其對錯與否,如此一來可以免掉許多不必要的爭論。在懷疑主義者的觀念裡,既然精神生活無法為人們帶來真正的幸福,只有不去判斷、不去深信某個信仰,才能獲得精神上的滿足。

4.犬儒學派

　　犬儒學派源於西元前 350 年 , 最早的領袖是迪奧根尼斯 (Diogenes, 412–323 BCE),他們的主張較傾向於極端的個人主義,他們對於已存在的價值觀與習慣相當反感,並且反對所有阻礙人們追求本性的社會羈絆。

　　犬儒學派缺乏對家庭與國家的忠誠,並將音樂、文學和藝術視為人為的矯飾。他們也不眷戀世俗間的名與利,犬儒學派所尋

求的是自我精神的滿足與穩定。他們與其他哲學派別一樣，皆在
追尋心靈的穩定，只是他們採取較為激烈的方式罷了。

三、文學和歷史

　　希臘化時代有大量的文學作品問世，但大部分的文學作品缺
乏創造性與活力，但卻添加了世故化與自我的潛意識，因此有害
於文學的基本精神，故此時期的文學並非黃金時期。此時期的詩
以戲劇、田園詩以及滑稽劇為主，戲劇方面則以喜劇為主，其中
以雅典的門那得爾 (Menander, 342–291 BCE) 較為著名，他擅於描
寫西元前四世紀末雅典市井小民的生活，他的戲劇並不同於亞里
斯多芬的喜劇風格，其戲劇的特色較傾向於自然主義而非嘲諷的，
著重於人有缺陷的一面而非知識理論或政治的問題。門那得爾用
充滿同情的筆法描寫出人類的弱點，並且塑造出一系列戲劇人物，
包括聰明絕頂的奴隸、玩世不恭的公子哥兒及不幸與悲情的女子
等角色。 最偉大的田園詩人是生活在西西里島的希奧克里塔斯
(Theocrats)，他在作品中流露出對大自然的美所產生的濃烈情感，
因此他對於藍天、白雲、微風、山脈、花及鄉間的景物皆存著一
份特殊的情感。

　　希臘化時代較著名的史學家當屬米加羅波里斯 (Megalopolis)
的波里比烏斯 (Polybius, 200–117 BCE)， 他寫史採取科學的方法
與求真的態度，因此在古代歷史學家中地位僅次於修西底德。他
撰寫的《羅馬史》(*The Histories*) 乃是偉大的歷史著作之一，其作
品反映希臘化時代所有發展的趨勢，亦解釋了羅馬如何從一個小

城邦躍登為世界帝國的過程。

四、希臘化時代的藝術

　　希臘化時代的藝術呈現出多樣且獨特的面貌，此時期的藝術獲得廣泛的傳播，但並沒有因此變得庸俗。在繪畫、雕刻等藝術方面均有更繁榮的發展，城市的規劃也為這類藝術帶來新的發展空間。此時期的藝術不再是市井小民或都市化的產物，而是屬於君主制下的產物。

　　繪畫上，人們喜愛描繪神話與家庭的場面，雕刻遠離了古典原則，也脫離了崇高和神聖無表情的描繪。萊希帕斯將一些帶有強烈的現實主義與個人主義的特質引進雕刻藝術。此時期作品數量豐富，繼承希臘的傳統，以寫實風格的人體雕像為主，但已從古典的理性、優雅轉而表現豐沛的感性，較注重人物內心的情感與外在的表情。這時期出現許多裸女雕像，頗具官能的美感，以著名的「米羅的維納斯」為代表，此外如：「垂死的高盧人」、「勝利女神像」等，也都在這時期產生。

　　在建築上，以往簡樸的多利克式與愛奧尼亞式的神廟建築，也被奢侈華麗的宮殿、富麗的官邸及代表權力與財富的豪華公共建築物所取代。

五、科學

　　希臘科學在希臘化時代達到鼎盛，也為日後十七世紀的科學奠定了深厚的基礎。然而此時期的科學之所以能蓬勃發展，要歸

圖 31：「垂死的高盧人」

圖 32：「勞孔祭司像」

因於亞歷山大大帝。在他征服世界的隊伍中，除軍隊外也帶了勘察家、工程師、科學家、歷史家，所到之處皆會蒐集大量各式各樣的資料，並且以理性的方式加以深入研究。得到亞歷山大的支持，可理解科學會在此時期如此發達的原因。

在醫學方面，他們改進了手術器具和操作方式，發展出一套醫療技術，也透過人體的解剖豐富解剖學的知識。經過深入的研究，他們發現了人體許多的新器官，並區分動脈與靜脈。據說他們還透過活體解剖獲得大量有關身體機能的知識，還將神經分為運動神經與感覺神經，並且提出智力源於大腦的理論。由此可得知他們在生理學與解剖學上有相當程度的發展，為十六、十七世紀的科學奠定了重要的基礎。

在天文學與數學領域裡，此時期也有相當程度的發展，其中最值得注意的是天文學家阿里斯塔克 (Aristarchus of Samos, 310–230 BCE)，他提出地球與其他星球皆繞日運轉的理論。但這樣革命性的理論並未被人們所接受，因這樣的觀點與亞里斯多德的理論矛盾，也與希臘人以人類為中心的思想相左，此外，它也與猶太人及其他東方信仰不合，故地球中心說在當時仍為主流。

在數學方面以歐幾里德 (Euclid, 323–285 BCE) 最為著名，他將早期的幾何理論加以整理、創造。隨著亞歷山大的遠征，開拓了歐洲人的視野，從而也激發了各種地理探勘與研究，著名的地理學家埃拉托斯特涅斯 (Eratosthenes, 275–195 BCE) 將地球劃分為多個氣候帶，認為海洋是相互連接的，他還利用日晷計算出地球的圓周，且繪製出在當時被視為最準確的地圖。

　　敘拉古的阿基米德 (Archimedes, 287–212 BCE) 則是數學家和發明家，他提出了浮體定律、槓桿原理及螺旋原理，發明複合滑輪、用於抽水的管式螺旋等，然而阿基米德並不看重發明，他所感興趣的仍是理論科學的研究。

拜占庭帝國時期的希臘

第一節　羅馬統治下的政治與經濟發展

　　成為羅馬屬地後的希臘，享有了一段前所未有的和平，因為羅馬人對希臘人頗為寬大，因此，多數希臘人認為羅馬人結束了希臘化時代的混亂，羅馬人的統治則帶來和平。當代史家波里比烏斯這樣描述：「如果我們不迅速滅亡，便不能得救。」羅馬人解散亞該亞聯盟之後，仍然不放心，為了防止任何反抗勢力，拆毀科林斯城，另外為了便於統治，將希臘各邦置於馬其頓省管轄之下，但是雅典與斯巴達可以享有特殊權利。

　　西元前 88 年雅典與其他幾個城邦再度錯估形勢，他們與小亞細亞的本都國王密特里達提 (Mithridates, 135–63 BCE) 結盟，他於西元前 89 年進軍小亞細亞，不久進入希臘，雅典爆發起義，並宣布雅典重新獲得獨立自由，大部分希臘城邦效法雅典，一時之間東方形成反抗羅馬的高潮。但是殘暴的密特里達提於西元前 86

年被羅馬擊敗，希臘的獨立抗爭也被羅馬鎮壓。雅典受到的懲罰是被羅馬統帥蘇拉 (Sulla, 138–78 BCE) 搶劫一空，至於比雷埃夫斯的城牆則被夷為平地。

西元前 27 年之前，羅馬共和結束前數十年的動盪並未影響希臘，但是在希臘大陸與島嶼卻發生兩次內戰，許多城邦都有參與，西元前 48 年凱撒 (Julius Caesar, 100–44 BCE) 與龐培 (Pompey, 106–48 BCE) 於色薩利的法爾薩拉決戰，希臘人也曾提供艦隊幫助龐培，但是勝利者凱撒寬大地對待他們，只有少數城市受到嚴厲的懲罰。至於安東尼 (Antonius, 83–30 BCE) 與屋大維 (Octavius, 63–14 BCE) 的戰爭，希臘人亦未缺席，直到西元前 31 年屋大維在亞克興角戰勝為止。根據兩年後實地觀察的地理學家斯特拉波 (Strabo, 63–20 BCE) 記載，內戰為農村帶來無可彌補的嚴重後果，希臘鄉間大片土地荒蕪毫無人煙，許多城市成為廢墟。

羅馬歷任皇帝對待希臘皆特別優厚，奧古斯都（即屋大維）將希臘與馬其頓分開，單獨成立亞該亞省，以科林斯為首府，並於西元前 44 年重建科林斯城；喜愛文學藝術的尼祿 (Nero, 37–68) 則視希臘觀眾為「他本人與其才藝的知音」；哈德良 (Hadrian, 76–138) 對雅典的寬容政策影響至今；馬可‧奧理略 (Marcus Aurelius, 121–180) 曾計畫訪問雅典，西元 176 年甚至在雅典建立大學。

人們對希臘感到興趣，許多羅馬人來到希臘參觀神廟，欣賞藝術收藏，在雅典留學，希臘文化逐漸影響了羅馬人的思想與作品，這也引起少數羅馬人抱怨：羅馬正在變成一個「希臘城市」。

令人驚奇的事就這麼發生，原是附庸的希臘反而令統治者臣服。

　　保薩尼亞斯 (Pausanias, c. 110–180) 在西元二世紀寫下名著《希臘地志》(*Description of Greece*)，書中談到羅馬帝國統治下的希臘農村景象，他認為儘管當時的情況與斯特拉波所觀察的相比顯得繁榮許多，但是仍然有大片土地杳無人煙，經濟生活遠不及學術與社會發展程度應有的水準，為了供應羅馬的需要，新的奢侈品（雲石、紡織品、陳設品）生產蓬勃發展，不過僅有科林斯與佩特拉商業真正的繁榮。

　　西元 175 年一支北方部落科斯托玻基入侵希臘中部，打破了羅馬統治下的和平，雖然他們最後被當地民兵逐退，但這不是最後一支入侵的北方民族，他們的入侵在希臘歷史上占有相當重要

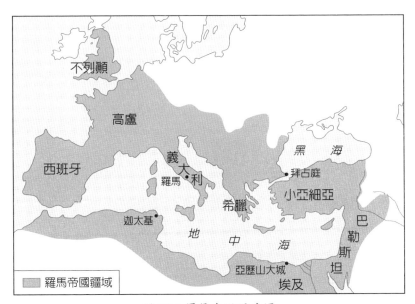

圖 33：羅馬帝國疆域圖

的地位。他們於西元 250 年左右出現在希臘邊境，當時的羅馬皇帝瓦勒里安 (Valerian, 200–260) 下令重建雅典城牆，科林斯地峽也修建各種防禦工事，卻依然無力保衛雅典。西元 267 年哥德人占領雅典，並且劫掠一空，最後終於被打退至多瑙河以北，希臘人僅僅苟安一個多世紀又要再次面對哥德人的另一次入侵。

第二節　東羅馬帝國

羅馬帝國晚期的皇帝已經發現有建立新行政中心的必要，戴克里先 (Diocletian, 242–311) 於 285 年將帝國分為東、西兩個部分，他將東部的首都定在馬爾馬拉海岸的尼科米底亞 (Nicomedia)。這是一座小亞細亞西北部的古城，即今日土耳其境內的伊茲密城 (Izmit)，其地理位置有利於監視多瑙河下游的日耳曼蠻族，以及防守底格里斯河的邊界。君士坦丁 (Constantine, 272–337) 於 323 年繼位之後，再度將帝國東、西兩部合而為一，但首都仍然位在東部，他於 328 年至 330 年期間，擴建博斯普魯斯海峽上的古城拜占庭為君士坦丁堡，拜占庭於 330 年 5 月 11 日正式成為羅馬帝國的新都。拜占庭原為希臘人所建的殖民地，控制博斯普魯斯海峽，可隨時關閉東、西之間的交通，自古以來便是商業的交會中心，更是各類船隻的避風港。此城三面環海作為天然屏障，與陸地銜接的一面則興建城牆防守波斯人、匈奴人、斯拉夫人、保加利亞人、俄羅斯人、哥德人以及阿拉伯人的威脅，在其後千餘年的歲月裡，只有被攻陷過三次，以固若金湯著稱。

城中居民多為基督徒，早已習於東方
王朝形式，基督徒皇帝可享受到元老
院與非基督徒不曾給予的愛戴，君士
坦丁堡很快便超越了羅馬的地位，建
都不到百年即成為羅馬帝國中最富
有、最美麗與最文明的城市。

圖 34：君士坦丁

君士坦丁在地中海世界史上留
下二個無法抹滅的印記，313 年他頒
布《米蘭詔書》(*Edict of Milan*)，開
啟對基督教的寬容，又在 324 年以自己的名字在拜占庭建立羅馬
帝國的新都——君士坦丁堡。他以身作則並且立法，企圖融合不
同的文化，如異教徒的希臘文化、羅馬文化以及東正教文化，創
造了拜占庭帝國獨特的文化。他既非天生信仰虔誠，也不是純粹
希臘人，甚至稱不上是具有滿腔愛國熱血的羅馬人，而是兇殘而
冷酷無情的軍人、野心勃勃的狡詐政客。不過無論君士坦丁的動
機為何，他理所當然地被希臘人視為後古典時期歷史與教會中最
偉大紀元的創造者。

究竟是什麼導致君士坦丁做出這些重大的決定？在營建新都
與接受新宗教這兩件事情上，其動機都是出於現實與政治考量。
羅馬帝國正經歷一段幾乎導致解體的擴張過程，而羅馬城已有很
長一段時間無法發揮首都的功能。只要皇帝軍隊行營駐紮的任何
地方就是帝都。君士坦丁認為帝國的威脅來自北方與東方，意味
這些地方必須有多個可選擇的指揮中心，如米蘭、日耳曼的特拉

維（Trèves，今 Trier）、約克 (York)、達爾馬提亞 (Dalmatia) 的薩隆內（Salonae，今 Split）、比太尼亞 (Bithynia) 的尼科米底亞，不過卻很少是羅馬城本身。皇帝也一樣，長久以來，他們忘卻了與生俱來的羅馬人或義大利人的身分，也不再對羅馬這個永恆之城有任何特殊的情感。自從卡拉卡拉 (Caracalla, 188–217) 將羅馬公民的身分授予帝國境內所有地區的自由人之後，「羅馬人」一詞已不再具有任何特殊的國族意義。希臘人至今仍自稱是羅馬人；當大多數希臘人定居於安納托利亞時，羅馬 (Rûm, Rome) 又成為安納托利亞之名。

　　君士坦丁之前幾位皇帝，幾乎已與羅馬沒有任何個人關聯。當戴克里先將帝國的行政權劃分給四位皇帝時，資深的兩位冠上奧古斯都稱號，資淺的兩位擁有凱撒稱號，這四位同僚都出身巴爾幹地區，羅馬對他們而言不過是一個城市的名稱罷了。元老院的元老也不再握有軍事指稱權。當帝國皇位出缺時，他們甚至無法干涉新皇帝的選舉。帝國的重心已離開這個古老的首都。

　　帝國的重心雖已轉移，但尚未被置於其他地方。這種轉移是帝國不斷尋求安全防衛的一部分。無論是內部的權力中心或保衛邊境的軍事行營，羅馬都占有天然的位置。然而權力已逐漸流向軍方，甚至已不在義大利人的掌握下，更不用說羅馬人了。塞爾特人、撒爾馬提人、日耳曼諸部、達爾馬提亞人、色雷斯人以及其他非義大利民族都已經進入軍隊，帝國實際上已取決於掌控武裝軍隊的將領。當德奇烏斯 (Decius, c. 201–251) 皇帝與哥德人作戰陣亡，瓦勒里安 (Valerian, 200–260) 皇帝被波斯人俘虜之後，聲稱

有權掌控帝國者,已是來自全帝國境內各地以軍隊為後盾的軍閥。

　　邊境軍力的安置來自於安全的需求,羅馬的歷史其實就是一部常年尋求對外安全的歷史。西部與南部安全情況尚可的原因是由於共和時期的征服,北非海岸之南是幾乎難以生存的沙漠,西班牙及高盧之外則是海洋。較大的危機來自於中歐未定界之外的邊境地區,那裡是好戰成性的哥德人所生長的地區。然而更嚴重的威脅來自於東部動盪的邊境,因為該地的敵人並非單純的蠻族部落,而是高度發展與老謀深算的薩珊波斯。即使是在公開的空檔期間,從萊茵河、多瑙河到土耳其南部的托魯斯 (Taurus) 山脈,也完全沒有可讓帝國軍隊稍事喘息的地方,常年處於戰爭的狀態。

　　如此遙遠的邊境,無法由設在羅馬的帝國指揮中心或任何單一首都防衛,在君士坦丁之前早已意識到羅馬的位置並不適合。假使安東尼沒有將帝國拱手讓給凱撒,他很可能將帝國的首都移至亞歷山卓,而遷都更重要的理由將不僅僅因為他是克麗奧佩脫拉 (Cleopatra, 69–30 BCE) 的伴侶而已。其後的皇帝皆受制於當下的戰事,西元三世紀末葉,薩隆內與尼科米底亞都曾被考慮作為帝國首都。情勢已越來越清楚,其一是無論何時,羅馬的權力中心都必須往東移,因為那個方向與羅馬的聯絡最遠,同時也最不確定。其二是勢必要有兩個以上的帝都,對單一帝都而言,羅馬帝國已過於龐大,難以管理,分割帝國已必須成為定局。

　　戴克里先將帝國一分為四,他進一步嘗試建立只有二十年任期的有限皇權制度。 他的年輕同僚君士坦斯一世 (Constantius I, 205–306) ,即君士坦丁大帝的父親, 在 306 年成為凱撒, 並在

308 年成為奧古斯都，但他無意保留戴克里先的體系。君士坦丁透過血腥的內戰消滅可能的競爭對手，他重建世襲原則並將帝國重新統合在一人統治之下。但是他不久便發現，有必要將帝國再次分割。為了行政上的目的，他建立起四大行省制，而其分割的情況幾乎與戴克里先將帝國分配給四位皇帝的情況相差無幾，高盧 (Gallia) 行省包括西班牙與不列顛，義大利行省包括北非，伊利里亞 (Illyricum) 行省包括希臘本土與大部分巴爾幹地區，以及東方行省包含從色雷斯到埃及的所有半月形地帶。在他的後繼者中，這兩個西部行省及東部行省有時統合在一起，有時則分屬在不同皇帝的控制之下，這種情況一直持續到西元五世紀帝國西部被哥德人蹂躪為止。

四大行省之有官吏、公民及軍隊都直接對皇帝負責，而且彼此互不統屬。為了防止篡奪而將權力分散，這也是君士坦丁解散禁軍的原因，他從內戰中獲得權力也吸取殘酷的教訓，同時也從當下帝國重心所在之處得到相同的經驗。帝國的重心位於黑海、愛琴海以及亞德里亞海之間所謂的伊利里亞三角之中，這個地域正好包括希臘地區，儘管真正的希臘人已成為希臘語世界中的少數民族，伊利里亞三角取得優先的地位，意味著君士坦丁堡事實上坐落於希臘人之中，這其實是個偶然的結果。

君士坦丁需要一個完全仰賴他的帝都及群眾，因而與過去產生明顯的斷裂，他藉由流血與叛變奪得權力，經過接連不斷的內戰所取得的最後勝利已使他感到疲倦，他決定將公民置於軍權之上。帝都不能像尼科米底亞一樣只是個軍事行營，選擇一個新的

地點還有安全之外的動機，其中一個動機是出於他想彰顯個人的
榮譽，讓其名聲得以永垂不朽。另一個複雜的動機則是想透過基
督教信仰提供一個焦點，以便再次統合帝國內分歧的民族，儘管
這個過程在他有生之年並不一定能完成。為此君士坦丁接受了皈
依，而他之所以這麼做，事實上出自於國家的考量，而非日後虔
誠信徒所粉飾的神蹟故事。

　　而且，君士坦丁堡坐落於東西文化交流的中心，也是歐亞間
主要貿易路線通過的地區，沿路布滿所有希臘港口充分的補給，
君士坦丁堡以其絕佳的天然良港，成為諸多擁有廣大貿易腹地出
口港循環系統的中心。這個城市的位置在防守上也得天獨厚，事
實上，當其周遭許多地區都已落入敵人手中時，它仍屹立不搖。

　　因此，君士坦丁堡關鍵性的地理位置，絕對不只在戰略上，
同時也具意識形態與經濟上的意義。此處或其附近城市是東西兩
大浪潮（基督教與異教信仰、羅馬與希臘，甚至是東方傳統）天
然的交會點，這也是為何必須選定新址建設的另一原因。以雅典
為例，其大學直到西元六世紀仍是偉大財富與影響力的文化中心，
如同舊羅馬一般與過去有太緊密的聯繫，尼科米底亞是軍事行營，
亞歷山卓則太過於希臘化。但這個在博斯普魯斯的城市則沒有上
述缺點，而且遠離來自羅馬的元老及新進官僚，其居民來自全帝
國境內。聖傑若姆 (St. Jerome, 342–420) 在半世紀後曾寫道：「君
士坦丁堡是在剝光其他城市之下被貢獻出來的。」同樣地，君士
坦丁無疑意圖使他的新都完全同化於羅馬的傳統。

　　君士坦丁的意圖不過歷經數代就失敗。拉丁語可能是宮廷或

行政官方的語言，但希臘語已成為教會所使用的語言。依新都的國際性環境，它將不可避免地變成希臘人的城市。這是君士坦丁選擇基督教的必然結果，而基督教之所以吸引他也是因為其高度組織化的特色。從一個拉丁的城市轉化到具有希臘特色的城市究竟花費多少時間並不容易確定，大多數學者都同意，儘管羅馬合法性的概念繼續成為拜占庭構成的基礎，但到了西元七世紀時，語言與文化方面的拉丁因素正快速消失。東方的浪潮最終戰勝西方，而君士坦丁其實有意無意地希望如此，基督教是其計畫的動機，同時也是摧毀者。

西元四世紀時基督教仍只是少數人信仰的宗教，但它卻是擁有權力與地位的關鍵少數。西元四世紀初戴克里先統治時，儘管他曾很不情願地迫害基督徒，但他們已在宮廷及軍隊掌握影響性的地位。在比例上，東方省份的基督徒人數更多，而且希臘語是教會的語言。羅馬儘管有主教區的聲望，但基本上仍是異教徒的城市。據估計，基督徒在帝國西部的人口比例是大約十五分之一，而帝國東部的比例則接近十分之一。也許君士坦丁獲得勝利的決定性因素，並非如他所聲稱，西元 312 年在爭奪帝國的過程中戰勝對手的前一夜，決定將基督之名用在姓名組合圖案上，並賦予「以此為勝」字樣的洞見；而是因為他早已認知，敵對的軍隊裡其實擁有相當多基督徒的緣故。他所看到的基督教價值並非只是他們在軍隊的優勢而已，而是在於教會組織可以應用在公眾的行政組織上。此外，他最後的對手李錫尼 (Licinius, 263–325) 犯下迫害基督徒的錯誤，給予君士坦丁另一個拉攏他們的優勢。

　　之後狄奧多西 (Theodosius I, 347–395) 再度將羅馬帝國一分為二，他於 395 年去世之後，帝國行政上的分治終於永久而根本的分裂。阿卡迪歐 (Arcadius, 337–408) 與幼弟奧諾里歐 (Honorius, 384–423) 分別繼承的東、西羅馬帝國，其命運截然不同，西羅馬帝國在 476 年被蠻族所滅，具有濃厚東方色彩的東羅馬帝國卻穩固地存在了幾個世紀，它歷經歐洲和近東政治版圖的不斷變遷，卻仍不經意地保留了希臘文化，無論是東方各省的財富、首都優越的戰略地位，或者多位皇帝的明智政策，都足以說明東、西羅馬帝國不同的命運。由於君士坦丁的先見之明，為後世的歐洲文明留下寶貴的遺產，其後更促成歐洲的文藝復興。

　　東羅馬帝國（或稱拜占庭帝國）的特徵在於融合希臘與羅馬的傳統，希臘的影響主要在語言、文學與神學方面，羅馬則在法律、外交與軍事方面有重要地位。狄奧多西二世 (Theodosius II, 401–450) 即位後，由十六歲的姊姊普赫利亞 (Pulcheria, 398–453) 攝政，她於 438 年頒布《狄奧多西法典》(*Theodosian Code*)，其內容包括自君士坦丁以來頒布的所有法令，直到《查士丁尼法典》(*Code of Justinian*) 出現以前，一直是羅馬帝國全境通行的法典。

　　阿那斯塔西烏斯 (Anastasius, c. 431–518) 於 491 年即位之後，重整國家財政，降低稅率、廢除人獸競技，還將艾索里西亞人逐出宮廷與政府，歷經數年的征戰，終於將之趕到巴爾幹地區，此外，他為了防止斯拉夫人與保加利亞人入侵，由馬爾馬拉海至黑海修築一道長達四十哩的長牆 (Long Walls)，使君士坦丁堡更固若金湯。

　　古老的非基督教羅馬帝國轉變為中世紀拜占庭的基督教帝國,其間的變化因素繁多,戴克里先與君士坦丁在行政上的改變並非唯一的要件,君士坦丁的宗教態度與其帝國政策同樣重要,他頒布《米蘭詔書》使基督教成為帝國境內唯一合法的宗教,不久拜占庭城的主教便成為君士坦丁堡的總主教,更在381年的宗教會議上獲得東方幾個大主教中直接受羅馬教廷管轄的最高地位,但是這個制度始終不為其他位在東方的安提阿、亞歷山大城以及耶路撒冷大主教接受,爭議一直持續到西元七世紀伊斯蘭教興起。

　　查士丁尼 (Justinian I, 482–565) 曾經為征服西方的省分放棄東方的宗教和平,他與羅馬教皇結盟,尊重羅馬教皇的特權,保持基督教的絕對統一。為了迎合羅馬教皇,他採取嚴厲的措施,除了攻擊脫離君士坦丁堡教會的埃及和敘利亞教徒,甚至猶太教

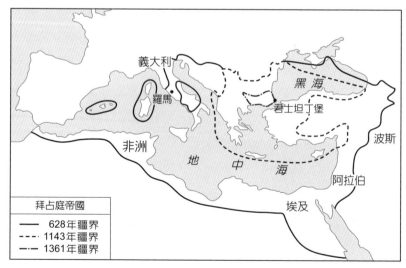

圖 35:拜占庭帝國疆域圖

徒、異教徒與希臘古代異教教義的哲學家也遭到迫害，並在 529 年關閉享有盛名的雅典學院，將學院中的老師放逐到波斯。不過查士丁尼最後依然未能統一宗教，經過多次的教義分歧和東、西方教會互爭領導權等紛爭，終於導致 1050 年基督教的徹底分裂，西方為羅馬公教，又稱天主教，東方則稱希臘正教或東正教，彼此禁止對方在自己的地區內活動。

　　羅馬帝國劃分為東、西兩個部分，使希臘人與拜占庭皇帝的利益緊密結合，一方面希臘語成為正式的官方語言，希臘文化成為拜占庭文化的重要成分，另一方面君士坦丁堡取代雅典，成為希臘人生活的中心，希臘逐漸變成地方行省，因此儘管表面上希臘人得利於這種劃分，實際上地位卻下降了。希臘人此時也由原本的希倫人改稱羅美伊人 (Romaioi)，這是君士坦丁創造的名稱，指羅馬帝國臣民、羅馬帝國的希臘人。

第三節　多瑙河邊界

　　東部與北部邊界始終是令拜占庭帝國頭痛的問題，東部的阿拉伯人不斷地向拜占庭帝國進攻，但是希臘地區直到十四世紀才受到鄂圖曼土耳其人的威脅，至於北部的蠻族則是希臘長久以來的邊患。

　　多瑙河邊界的問題已困擾羅馬帝國歷代皇帝多時，哥德人曾在西元三世紀南下襲擊雅典，當時他們定居黑海以北地區，不久便分為兩支，東哥德人 (Ostrogoths) 於 453 年在今日匈牙利定居，

在 493 年建立東哥德王國,最後被倫巴底人 (Lombards) 所滅。西哥德人 (Visigoths) 則於西元四世紀進入東羅馬邊界,由於懼怕匈奴進襲,他們擊敗帝國將領,渡過多瑙河,在 378 年至 395 年期間湧進希臘半島,騷擾色雷斯,400 年再度向北入侵義大利,412 年占據高盧南部與西班牙北部,建立西哥德王國統治西班牙,最後在 711 年被摩爾人所滅。

五世紀上半葉時匈奴多次入侵拜占庭帝國,甚至曾經逼近君士坦丁堡,東哥德人在前往義大利之前也曾在五世紀上半葉多次威脅君士坦丁堡。這一波蠻族入侵並未在拜占庭帝國內大規模定居,不過卻是多瑙河以北民族另一波向南遷移的前奏,終於導致多瑙河邊界防線在六世紀全面潰決。

蜂湧而下的北方蠻族依拜占庭帝國的編年史家所言,包括斯拉夫人、安塔那耶人(斯拉夫人的一支)、保加利亞人、匈奴(很可能還是保加利亞人)、阿瓦爾人、庫曼人與帕策納克人,另外還有一些模糊不清的名稱,如格太人、斯基泰人,其中對中世紀希臘影響最大的是斯拉夫人與保加利亞人。

第四節 斯拉夫人、保加利亞人、弗拉幾人

一、斯拉夫人

羅馬帝國初期就已經出現的這一支民族,直到西元 500 年才被稱為斯拉夫人,四千多年前他們便在黑海以北活動。西元 200～

500 年間，他們流徙至中歐、東歐，即今俄羅斯西部以及東南歐的巴爾幹半島，八世紀時曾經一度在中歐建立以摩拉維亞 (Moravian) 為中心的統一帝國，但於 906 年為馬扎兒人 (Margyars) 征服，陸續被東羅馬和蒙古人征服，此後分為三個族群——東斯拉夫人、西斯拉夫人及南斯拉夫人。

西斯拉夫人與南斯拉夫人本是同一支，馬扎兒人在中世紀入侵中歐，並在多瑙河中游平原建立匈牙利王國，將斯拉夫人分割為二，北面是西斯拉夫人，南面是南斯拉夫人，南斯拉夫人更細分為克羅地亞人 (Croats)、斯洛維尼人 (Slovenes)、塞爾維亞人 (Serbs)、保加利亞人 (Bulgarians)、馬其頓人 (Macedonians) 與蒙特內哥羅人 (Montenegrins) 等。他們在六世紀初經常蹂躪馬其頓、色薩利與埃皮魯斯。查士丁尼時，多瑙河沿岸情形每況愈下，拜占庭帝國的軍隊也無法阻止斯拉夫人與保加利亞人每年成群結隊渡河劫掠，540 年他們甚至於深入希臘至科林斯地峽，查士丁尼被迫加強防禦工事，但是依然不能阻擋斯拉夫人來犯，他們對農村所造成極大的傷害。

大約十五萬斯拉沃尼亞 (Slavonia) 軍隊於西元 580 年湧入色薩利與伊利里亞 (Illyria)，這是斯拉夫人大量移民希臘的開端，突襲已轉變為長期定居。希臘北部（南斯拉夫）也在西元七世紀前半葉遭到入侵。阿瓦爾人是斯拉夫人入侵的主要原因，西元四、五世紀時游牧於中亞草原，六、七世紀初崛起於北方，由於拜占庭帝國的主力正對付波斯人，歐洲地區的防線便出現疏漏，不過鴕鳥心態使拜占庭的外交官員將斯拉夫人占領色雷斯、馬其頓及

希臘的行為美化成皇帝的賜予，因此拜占庭與斯拉夫人雙方並不十分在意帝國疆界是多瑙河還是愛琴海。不過拜占庭帝國仍加強了防禦工事，西元 597 年修建薩羅尼加城牆以防禦馬其頓的斯拉夫人。至於斯拉夫人依然不斷南下入侵，623 年他們襲擊克里特島，626 年阿爾瓦人、斯拉夫人、保加利亞人甚至聯合圍攻君士坦丁堡，幸而並未攻陷，但這已不是第一次。雖然阿爾瓦人於 360 年之後勢力稍減，斯拉夫人南進的趨勢依然不止，後來在 674 年阿拉伯人圍攻君士坦丁堡之時，部分斯拉夫人開始趁機定居色薩利平原。

外族的頻繁入侵，使駐紮希臘的帝國軍隊統帥變得極為重要，西元七世紀拜占庭帝國為了應付波斯與阿拉伯，利奧三世 (Leo III, 675–741) 在亞洲、歐洲地區普遍實施一套軍團制，以軍事組織管理地方。拜占庭的軍團制實行分區募兵和屯兵，按軍區設立行政區。士兵主要是瓦拉幾亞人、斯克拉維尼亞人、阿爾巴尼亞人，也可能包括斯拉夫人與希臘人，部分地瘠民貧的地區負擔不起帝國徵派的賦稅，寧願每年應募定額士兵代替賦稅。此外由俄羅斯人、法蘭克人、挪威人、荷蘭人、盎格魯撒克遜人組成的傭兵也占重要地位。軍團的數量時有增減，西元十世紀約有三十個，其中有八個包括當時的希臘與愛琴海上的島嶼。

斯拉夫人對希臘影響最大是在西元八世紀，近東的大瘟疫於 746 年蔓延到伯羅奔尼撒半島上的莫南伐西亞，擴散到拜占庭帝國全境，造成希臘人口大量死亡，而且技術性工匠多移居君士坦丁堡，使希臘人口劇減，大陸與島嶼上的希臘人整批搬離，這個

缺口便由大批的斯拉夫人填補，拜占庭帝國皇家史官君士坦丁‧波菲洛革尼圖斯曾說，當瘟疫吞沒萬物時，廣闊的大地皆斯拉夫化、蠻族化了。無論如何，他們確實布滿希臘各地，西元八世紀時的巴爾幹半島南部和希臘大陸被稱為斯克拉維尼亞 (Sclavinia)。

拜占庭對此情況大感震驚，曾令斯陶臘基俄斯前往希臘，783年迫使他們繳稅，不過當帝國在九世紀初受到薩拉森人與保加利亞人威脅，伯羅奔尼撒的斯拉夫人便起而叛亂，807年甚至聯合薩拉森人進攻帕特雷要塞，雖然最後叛亂被敉平，但是841～842年該地暴亂一度又起，建立了如希臘北部一般的武裝殖民組織。儘管移居希臘的斯拉夫人向君士坦丁堡繳稅，卻並非如拜占庭皇帝所認為的附庸，他們有自己的種族與宗教自治，而且經常反叛並且激烈抵抗皇帝的征討，他們陸續在希臘西部及南部建省，更在行政和軍事上取得進展，最後設立雅典和帕特雷大都會，改信基督教。南方陶格托斯山 (Tygete) 附近的米林格人 (Melingues)、埃澤里特人也與拜占庭協議，同意繳稅，後來在西元十世紀中葉叛亂，儘管再次歸順，依舊保持相當程度的獨立性，以及本身的風俗習慣，而米林格人可能直到鄂圖曼土耳其人征服希臘前夕都保持與世隔離的狀態。斯克拉維尼亞則始終沒有縮小。

根據塞維利亞的伊多西雷記載，斯拉夫人等於是由羅馬人手中取得希臘，最初大城市如雅典，仍然掌握在希臘人手中，即使鄉村的斯拉夫化速度也並沒有那麼快。至於斯拉夫人定居希臘本土與伯羅奔尼撒半島，在中世紀遷移史上對希臘世界的影響，各方學者各持己見並無共識。

　　可確定的是斯拉夫人在伯羅奔尼撒半島的影響有南、北區域的不同，他們在北方以一個緊密的集團形式定居，而南方的斯拉夫人較少所以比較分散。希臘人為躲避入侵者襲擊而移居海岸，建立一些新城市，如莫奈姆瓦夏，還有人躲到南部的島嶼，或是中部、西部山區，尤其是品都斯山脈 (Pindus)，還有一些希臘人離鄉背井經海路到達卡拉布里亞或者西西里島，希臘人的大逃難使義大利南部因移民與修士定居而更富有希臘文化。

　　希臘正教及希臘語言使希臘人收復失地，他們一面積極同化，一面建造修道院與教會，西元十世紀已有許多斯拉夫人後裔在君士坦丁堡位居要職。

二、保加利亞人

　　保加利亞人在羅馬帝國衰落時定居於今日俄羅斯大草原、頓河與伏爾加河之間，西元六世紀時則居住在黑海以北地區。保加利亞人是勇敢的騎兵，也是拜占庭皇帝對付哥德人的長期盟友以及傭兵，他們也曾在六、七世紀與斯拉夫人、阿瓦爾人共同進攻巴爾幹半島的城市及鄉村，甚至於 626 年襲擊君士坦丁堡，失敗之後的阿瓦爾人勢力減弱，趁機形成保加利亞大王國，在國王庫布拉特 (Kubrat, 606–665) 的統治下，王國的版圖從頓河擴大至庫班平原，但因王國的分裂以及來自東面土耳其人的襲擊，保加利亞人開始朝東北方遷移，在鄰近伏爾加河與卡瓦河匯流處的平原上建立大保加利亞帝國，直到 1236 年被蒙古人征服，並從 800 年代起改信伊斯蘭教。另一部分的保加利亞人則朝西南方遷移，很

快就在巴爾幹半島建立第一個保加利亞帝國，679～680 年正式定
居今日保加利亞北部的多瑙河下游平原，並在 800 年代向南推進
到愛琴海，再次威脅到薩羅尼加與君士坦丁堡，一個世紀之後的
西梅翁 (Simeon I) 統治時期 (893–927) 更形成廣大的帝國 ，不但
降服馬其頓、阿爾巴尼亞、塞爾維亞大部分地區，甚至到了貝爾
格勒。保加利亞人當時的統治，團結了上述地區的斯克拉維尼亞
人，可說是某種程度上的統一。

　　當保加利亞人隨著斯拉夫人的腳步跨越多瑙河之後，拜占庭
帝國再也不能以多瑙河為界，他們在巴爾幹半島互相融合，不斷

圖 36：西元 800 年的巴爾幹半島

圖 37：拜占庭與保加利亞人的戰爭

向拜占庭帝國進襲，拜占庭皇帝為了制止斯拉夫與保加利亞人在色雷斯及馬其頓地區的人口增長，曾在西元八、九世紀將敘利亞人與阿爾明尼亞人移民於該地，此後好幾位拜占庭皇帝都維持這項移民政策，十一至十三世紀時甚至擴展到黑海北岸，將烏澤人、帕策納克人與庫曼人的移民安置在當地。

　　儘管保加利亞人不斷襲擊拜占庭帝國，他們在文化上卻十分仰慕拜占庭，在 865 年時正式信奉希臘正教。保加利亞王國疆域在西蒙大帝統治時期大為擴張，西部包括塞爾維亞的斯拉夫人，南部則含希臘北部，拜占庭帝國在馬其頓及埃皮魯斯的疆域僅剩沿海地帶，保加利亞人甚至入侵至科林斯地峽。但是不久因為西部塞爾維亞省叛亂，使保加利亞分裂，972 年東保加利亞亡於拜占庭帝國，1018 年西保加利亞亦亡於拜占庭。直到 1186 年弗拉幾人與保加利亞人叛亂才再度建立第二保加利亞帝國，但國祚極短，1258 年就被塞爾維亞取代。

　　此時馬其頓及其附近地區雖然已不再由保加利亞人控制，但他們依然是此區的主要人口，無論是保加利亞人或是居住此地的斯拉夫人都與希臘半島的斯拉夫人明顯不同，他們並未被希臘人同化，仍然保有自己的民族特色和語言，這也是近代馬其頓問題複雜化的直接原因。

三、弗拉幾人

在中世紀出現在希臘歷史上的北方民族，除了斯拉夫人與保加利亞人之外，尚有一支非希臘民族弗拉幾人 (Vlachs)，使用一種源於拉丁語的羅馬尼亞方言，是多瑙河南北兩岸地區羅馬移民與拉丁化民族的後裔，他們自稱為羅馬人，四周的斯拉夫人則稱其為弗拉幾人或瓦拉幾亞人 (Walachs or Wallachs)。根據文獻，他們最早出現於西元六世紀，但是必須等到 976 年才正式登場。十一、十二世紀時他們與其他部族雜居，因此無法確定其分布情況，保加利亞及以北地區也有弗拉幾人定居，此地的弗拉幾人曾經參與反叛拜占庭帝國，最後於 1186 年與保加利亞人共同建立第二保加利亞帝國。

克考邁諾斯 (Kekaumenos) 在十一世紀所著的 《戰略》(*Strategikon of Kekaumenos*) 中曾經描寫特里卡拉與拉里薩一帶地區的弗拉幾人，他們的生活方式與現在非常相似，每年從 4 月至 9 月趕著羊群住在山上，冬天則回到平原過冬，書中並提及拜占庭官員的治理。十一世紀末拜占庭歷史學家安娜‧科穆寧娜 (Anna Komnene, 1083–1153) 則稱呼色薩利山區的游牧民族為弗拉幾人。土德拉的班傑明 (Benjamin of Tudela, 1130–1173) 在 1170 年左右曾經這樣描述：「此地是瓦拉幾亞，瓦拉幾亞人的定居地，他們如鹿一般地敏捷，時常下山至希臘平原打劫，無人敢攖其鋒，沒有一個國王能夠制止他們。」

第五節　拜占庭希臘的經濟發展

　　威尼斯、熱那亞與阿瑪菲 (Amalfi) 等西方城市的商船在十一世紀到達希臘之前，希臘人幾乎壟斷所有地中海東部的轉口貿易，儘管斯拉夫人此時已大量移民希臘大陸，希臘人依然在沿海保有商業優勢。拜占庭帝國的商業在九、十世紀曾盛極一時，君士坦丁堡正是所有貨物的交換中心，但是黑海的貿易地位仍然舉足輕重，有來自俄羅斯、小亞細亞北部海岸的琥珀、金屬等各種商品。此外，希臘商船尚且經營君士坦丁堡與西方之間貿易，可是義大利商船逐漸切斷它們與西方的航運聯繫，開始以希臘競爭者之姿崛起，很快便在財富與工業方面超越希臘人，最後控制了愛琴海上的航運。

　　克里特島地震後不久，由西班牙遷至亞歷山卓的薩拉森人於826 年占領克里特島，他們對島上居民的宗教採取開放的態度，使島上居民情願受其統治。他們的海盜船在愛琴海及各島嶼間橫行，嚴重阻礙愛琴海的航運，在東地中海令人聞之色變，而克里特島也成為著名的奴隸市場。據英國編年史家彼得博羅的班乃迪克 (Benedict of Peterborough , ?–1193) 所記，1191 年時海盜依然猖獗，愛琴海上部分島嶼無人敢居住，部分島嶼則變成海盜的巢穴。海盜為患雖然使商業受阻，但是由於義大利新興城市的崛起，商業活動還是大為增長。

　　絲綢是希臘貿易的重要貨物，在 550 年左右由兩個波斯僧侶

將蠶偷運到拜占庭帝國，從此拜占庭絲綢馳名歐洲各地，希臘中部與南部各城市因而繁榮，提佛目前雖已不再產絲，也不見桑樹，但由其四周的平原仍被稱為摩洛坎波斯 (Morokampos)，即桑園之意，可知其當時的繁盛。

　　地中海的航運由希臘人轉到義大利人手中，但希臘城市依然繁榮，在十二世紀時，希臘各地有眾多的猶太人，足以說明當時的盛景，這些猶太人是全希臘手藝最高的工匠和商人。

　　儘管希臘各城市的經濟情況在十二世紀頗為繁榮，不過希臘的政治情況卻十分糟糕，拜占庭帝國政府橫徵暴斂，人民的負擔沉重，本應用於防守邊界的軍費被浪費在首都的豪華排場，當代人形容拜占庭的官吏將希臘作為搜括錢財的無底洞，極力榨取，地方政府首長是無給職，他必須自籌開支所需的錢財，此外希臘人還須應付當地惡霸的勒索。封建制度在十二世紀的科穆寧王朝 (Komnenid Dynasty) 統治時已相當普遍，大家族掌握了大片的土地，各大家族間也互相傾軋，使百姓的生活不得安寧，歷史學家尼克塔斯 (Niketas Choniates, 1155–1217) 表示，這些名門望族驕奢淫逸，他們不反抗拉丁人，卻充當惡霸，野心勃勃地危害低下階層的同胞。

圖 38：聖經人物穿著絲綢製的拜占庭長袍

　　拜占庭帝國的壓榨、本地人的互相傾軋、海盜侵擾、弗拉幾人侵占以及保加利亞第二帝國興起的威脅，這些因素都使西方勢力干涉希臘的條件成熟，因此十二世紀時西方領主入侵愛琴海西方各城市，尤其是威尼斯勢力日漸強大，這僅僅是 1204 年遭受重大災難的序幕罷了。

第六節　西元 1204 年以前的西方干涉

　　諾曼人征服義大利之後，藉口橫渡奧特朗托海峽，襲擊拜占庭帝國的領土，他們在西元 1081 至 1084 年間攻占科孚島 (Corfu)，拿下了都拉索 (Durazzo)，入侵希臘大陸直到色薩利的拉里薩 (Larissa)，並在 1106 年再度來襲。諾曼人此後數度深入干預拜占庭帝國內部的爭鬥，1185 年諾曼人進軍希臘，由都拉索出發進攻薩羅尼加，並有艦隊在海上配合圍攻，但在劫掠該城之後即因戰敗而返。

　　十一世紀，拜占庭皇帝向正在地中海東部經商的威尼斯人求救，代價是威尼斯商人有權在拜占庭帝國自由貿易，1082 年的商業特許狀使威尼斯人在愛琴海與黑海奠定穩固的商業霸權，法國史家迪爾 (C. Diehl, 1859–1944) 在其 《威尼斯貴族共和國》 (*Une République Patricienne, Venise*) 中曾經這樣描述：從那一天起，進入了威尼斯的世界貿易時期。威尼斯人的足跡自此遍及地中海地帶，但是他們也同時引起妒嫉，有幾位拜占庭皇帝為了抵制威尼斯人的勢力，陸續將商業特權授予比薩、熱那亞與馬耳菲等。整

個十二世紀期間，拜占庭帝國與威尼斯時而交戰，時而合作，根據當時的時勢變化而改變，不過雙方的對立與衝突日漸加深。

圖 39：鮑德溫一世

　　法蘭西與日耳曼地區自 1199 年起便不斷有人鼓吹東征，最後由法蘭德斯伯爵鮑德溫 (Baldwin I, 1172–1205) 領軍，率領一批法蘭西封建領主預備前往東方收復耶路撒冷，但是當時聖城已被埃及的穆斯林政權占領。 十字軍於 1202 年 8 月在威尼斯集合之後，發覺無法負擔運輸費用，雖然教皇反對，十字軍依然在 1202 年 11 月攻下亞德里亞海的薩拉城，然而這不過是更大轉變的開端而已。在 1203 年 6 月，十字軍的艦隊出現在君士坦丁堡港外，而且不久便占據該城，造成如此轉變的原因眾說紛紜，有可能西方對拜占庭帝國不滿已久，攻打這個在東方的商業勁敵對威尼斯人也有利。總之，在占據了君士坦丁堡之後，十字軍內部對於皇位問題產生分歧，因而決定瓜分帝國，新皇帝由他們共同推選，但是統治領土僅為原來的四分之一，其餘四分之三由威尼斯人與十字軍平分，因而 1204 年成為歐洲史上重要的里程碑之一。

　　法蘭德斯伯爵鮑德溫被選為皇帝，管轄面積不大的拉丁帝國，

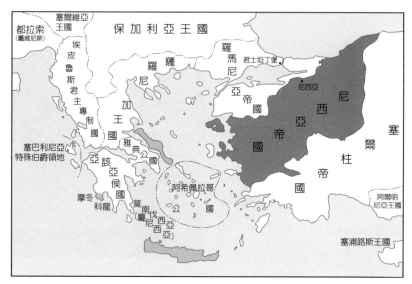

圖 40：西元 1214 年的巴爾幹半島

包括馬爾馬拉海兩岸地區以及附近一些島嶼，威尼斯貴族占領許

多島嶼和統治其他許多地區，法蘭克冒險分子則取得希臘大陸，

拜占庭皇帝的代表人僅僅保留小亞細亞的尼西亞、埃皮魯斯以及

黑海海岸上的特拉比松三個地區。君士坦丁堡的拉丁帝國僅維持

了五十七年，威尼斯與法蘭克的統治地區有些則維持長達二、三

百年。希臘自西元 1204 年至鄂圖曼土耳其統治前，土地和歷史被

分割，不再具有統一性，希臘境內也分成數個不同的國家，包括

羅馬尼亞拉丁帝國 (Latin Empire, 1204–1261)、 尼西亞希臘帝國

(Empire of Nicaea, 1204–1261)、 薩羅尼加拉丁王國 (Kingdom of

Thessalonica, 1204–1224)、 雅典公國 (Duchy of Athens, 1205–

1458)、亞該亞侯國 (Principality of Achaea, 1205–1432)、阿希佩拉

哥公國 (Duchy of Archipelago, 1207–1579)、塞巴利尼亞特殊伯爵
領地 (County Palatine of Cephalonia and Zakynthos, 1185–1479) 和
埃皮魯斯君主專制國 (Despotate of Epirus, 1204–1336)，以及分散
在各處的威尼斯人占有地包括在愛琴海上的 (1204–1715) 與愛奧
尼亞群島 (1204–1797)，以及分散在各處的熱那亞人（時間不一，
約 1261–1566 年） 與羅德島騎士團 (Hospitaller Rhodes, 1309–
1522)。

　　義大利人、法蘭克人、加泰隆尼亞人、納瓦爾人、日耳曼人
與法蘭德斯人由西方來到希臘，分別以封建制度治理他們建立的
國家，如亞該亞的十二位男爵之下有大諸侯、小諸侯、自由人和
農奴，然而各國的情況雖有不同，其社會的特徵卻不變。威尼斯
史家馬里諾‧桑烏多曾經描述亞該亞統治者喬弗里一世
(Geoffrey I of Villehardouin, 1169–1229) 的宮廷，許多法蘭克貴族
騎士跟隨他來到此地，他們的目的各不相同，有些是為了消遣及
冒險娛樂，有些人為還債而來，還有一些人則是罪犯。

　　十三世紀的教皇霍諾里烏斯三世 (Pope Honorius III, c. 1148–
1227) 曾將希臘比喻為「新法蘭西」，當然是因為此地活躍的封建
生活、漂亮的宮廷與熱鬧的馬上比武。

　　希臘人對待法蘭克人的態度與土耳其人不同，他們往往發動
叛亂反抗土耳其人，但是卻順從法蘭克人的統治，尤其是亞該亞
地區，一些當地望族長期接受西方男爵授予的采邑，除了克里特
島上的希臘人。

　　法蘭克人最初接管了希臘人的教會組織，希望將羅馬公教與

圖 41：羅德島騎士團的堡壘

希臘正教合而為一，因此在各地安置羅馬天主教的教士，但是卻毫無進展。十四世紀末，希臘正教收復大量失地，許多主教也恢復了他們原來的職位。這些天主教的主教們成為希臘人反抗外族統治的同盟，愛奧尼亞群島與西克拉德茲群島上的天主教勢力極為牢固。

　　法蘭克人占領希臘期間，在鄉村留下許多龐大的城堡與塔樓，但是在民族與政治社會制度方面則絲毫未留下任何痕跡，他們並未與被統治者融合，只產生了一些受到歧視的混血兒(Gasmouloi)。由於他們是外來者，是社會中的少數統治階層，因此地位並不穩固，終究只是被派駐外國的駐軍罷了，他們並未替希臘的生活帶來新生的力量，反而像是一段短暫的插曲，船過水

無痕。在土耳其人來到之前，所謂「新法蘭西」的景氣便已煙消雲散，僅僅留下可供歷史學家考古的遺物，令後人憑弔。

第七節　拜占庭文化

一、文學

　　拜占庭有各式各樣的文學作品，不但富有風趣，且具有獨特的風格，反映出拜占庭人的生活，以及他們的文化與思想。由於他們自認為是古典希臘的合法繼承人，自動肩負起保存古典希臘學識的責任，因而建立他們的文學傾向與學術興趣；此外，他們虔誠信仰基督教義，熱忱地討論神學，加上本身具備的真才實學，融合成拜占庭燦爛的文學。

　　拜占庭人主要研究希臘古典詩歌的格調，尤其是諷喻短詩，但是六世紀的保羅‧西楞提阿里烏斯 (Paulus Silentiarius, ?–c. 580)、七世紀喬治‧皮西德斯 (Georgios Pisides) 等人的作品，偶爾也引起他們的興趣，研究詩句中的風趣優雅。

　　拜占庭的歷史家相當多，早期的普羅科皮阿斯 (Procopius, c. 500–c. 565) 和阿加提阿斯 (Agathias, c. 530–594) 都撰寫查士丁尼王朝的歷史，晚期的拉奧尼科斯‧卡耳科孔底萊斯 (Laonikos Chalkokondyles, c.1430–c.1470)、佛蘭特澤斯 (Sphrantzes, 1401–1478)、杜卡斯 (Doukas, c. 1400–1462) 和伊姆羅茲的克里托布路斯 (Critobulus of Imbros, c. 1410–c. 1470) 則專注於撰寫 1453 年的君

士坦丁堡陷落史。他們所撰寫的當代史，無論在詞句或風格上都意欲與希羅多德、修西底德、波里比烏斯等人的作品比美。

可惜後來希臘語言逐漸失去古典時期的詩律、語法及語彙準則，於是決意復古的學派風格丕變，變得古板拘泥、講究詞藻。而被視為缺乏教養的僧侶則為平民大眾創作許多生動活潑、新鮮有趣的通俗文藝作品，例如許多編年史、聖者言行錄，或是普洛德洛穆斯 (Theodore Prodromos, c. 1100–c. 1170) 的募化詩歌等。西元十世紀傳說一位拜占庭民族英雄第格尼斯・亞克里特 (Digénis Akritas) 曾出現在史詩及許多民歌之中，其父為穆斯林，其母為基督徒，他的名字有邊防戰士之意，描寫其事蹟的原史詩已失傳，現存僅四篇，歌頌他在拜占庭帝國東部邊界上的事蹟。

由於法蘭克人的統治，使拜占庭人在十二世紀之後出現韻文傳奇的文體，這些文章以當地語言寫成，受到西方騎士的故事影響，希臘化時代晚期的傳奇也是這種文體產生的原因之一。

拜占庭人極擅長宗教文學，當時的作品非常優美而神秘，神學論著、苦行著述、祈禱文都極為盛行。西元六世紀時宗教詩歌發展到巔峰，天才詩人羅馬諾斯 (Romanos) 所寫的孔塔基翁讚美詩 (Kontakion) 被譽為教會詩歌的最高成就。

古代希臘文學是學術研究與教育的中心，完全承自亞歷山卓的學術傳統，拜占庭人留下各種校勘、註釋、詞典、選集、百科全書，他們甚至複製古典著作，不僅保存希臘古典文學，並加以流傳，這是他們對後世最寶貴的貢獻。

二、藝術

　　無論哪一個階段的拜占庭藝術都充滿旺盛的活力，而且其範圍相當廣泛，這是歷史上首次出現規模如此宏大的基督教藝術，試圖使視覺藝術具有教化的作用。由於聖像在希臘正教的儀式中不可或缺，因而也加諸許多繪製的規矩，教堂內部裝飾著許多精緻的鑲嵌畫、壁畫以及聖像，代表無上的虔敬，成為建築不可分的一部分，至於教堂的作用不僅是為了讚美上帝，更負有薰陶與教化人心的任務，使會眾受到神的感召。

　　拜占庭藝術家由希臘－羅馬世界繼承了一種具有活力的「自由開放」風格，尤其顯現在拜占庭藝術的各「黃金時代」，如查士丁尼時期（西元六世紀）、馬其頓時期（西元九世紀中至十一世紀中）、科穆寧時期（西元十一世紀中至十二世紀末）以及巴列奧略時期（西元十三世紀中至十五世紀）。另一方面，拜占庭藝術的風格也受到東方影響。

　　拜占庭藝術一開始便高度集中君士坦丁堡，此外尚有大馬士革清真寺的鑲嵌畫、羅馬城聖科斯馬斯教堂和聖達彌安教堂裡的鑲嵌壁畫、克拉塞的聖維達爾教堂和聖阿波利納勒教堂的鑲嵌壁畫、薩羅尼加的聖喬治教堂和聖德特里教堂的鑲嵌壁畫、君士坦丁堡的聖索菲亞教堂、聖使徒教堂和卡里耶清真寺（原科臘教堂）的鑲嵌壁畫、雅典附近的達佛尼女修道院或德爾菲城附近的荷西俄斯‧羅宇卡斯等等，都是繪畫藝術的偉大傑作。

　　壁畫與聖像也是拜占庭藝術中的重要成就，許多希臘教堂保

圖 42：聖索菲亞大教堂鑲嵌壁畫

留了拜占庭藝術極盛時期的壁畫，珍貴的聖像則多收藏於拜占庭博物館與雅典的比納基，阿托斯山半島則是拜占庭文化與藝術的重要寶庫。

　　拜占庭時期對於小型藝術品的製作也極為興盛，許多裝飾雕刻、象牙雕刻、琺瑯工藝品、銀器、裝飾掛毯、祈禱用具及手抄本插圖的代表作依然保存至今。

三、建築

　　薩羅尼加、埃弗索斯，尤其是君士坦丁堡在西元四世紀時都曾經建立羅馬的宮廷，也繼承了羅馬的傳統，當時最堅固、華麗的建築都成了教堂，包括大會堂、中心穹頂大廈——聖徒殉道處

圖 43：聖德米特里教堂

的紀念建築物、陵墓或集體洗禮場。西元四、五世紀的大會堂（如薩羅尼加的聖德米特里教堂與聖帕臘斯克維教堂）依照羅馬式建築，內部寬敞，東邊有半圓形聖殿，木製屋頂的斜度緩和，洗禮堂則與羅馬大浴場的冷水浴池相仿，紀念堂與陵墓的建築平面極為獨特，內部為圓形，外表有的是十邊形、十字形，或是外表是八邊形而內部則為十字形。建築內部的下層有連續拱，均以整塊石頭製作，上層則飾有鑲嵌壁畫，裝飾技法儘管學白帝國時期的羅馬，依然是拜占庭的典型。

　　建築師為了防火，以拱頂取代木製屋頂，羅馬人發明了筒形拱頂與交叉拱頂（每一間上有四個筒形拱，直角交叉在一起），還配合混凝土，使得空間的跨度能達到一百呎。但是拜占庭缺乏火

圖 44：聖索菲亞大教堂

山灰，也沒有多餘的人力，以磚或空酒罐所作的筒形拱頂與交叉拱頂跨度極小，無法建成堅固的建築物，為解決這個問題，圓頂便應運而生了。

查士丁尼時期最偉大也是最大的拜占庭建築——君士坦丁堡的聖索菲亞大教堂，建於西元 532 年，費時六年，拜占庭建築師巧妙地將圓頂安置在方形的建物之上，在四個直角上以三角拱連接兩部分，當教堂完成時，人們覺得圓頂似乎漂浮在空中一般。教堂建築是拜占庭時期的代表，在軍事與民間建築中，或許僅有君士坦丁堡以及尼西亞的城牆可堪比擬，其餘皆微不足道。

第八章 | *Chapter 8*

土耳其統治下的希臘

第一節　鄂圖曼土耳其對希臘的統治

　　鄂圖曼土耳其結束了自 1204 年以來的分裂局面，希臘此後便由異族統治。他們由駐索菲亞的歐洲領地總督直接管轄，1470 年起被分為六個「旗」(Sanjak)，旗之下再細分為數個縣。

　　地方行政都由希臘的名門望族管理，負責收稅和維持治安。此外，土耳其也讓希臘人參與政府中的重要職務，龐大的帝國管理在許多地方需要倚重基督徒，無論是文官系統、教會或者是軍隊，都可以見到他們。

一、教會

　　信仰東正教的基督徒頗歡迎土耳其統治，因為拜占庭帝國皇帝有將東正教與西方的羅馬公教合併的意圖，因而部分東正教教徒寧願由土耳其蘇丹取代拜占庭帝國皇帝，況且土耳其並不強迫

基督徒改信伊斯蘭教,土耳其蘇丹甚至被視為東正教保護者。

土耳其雖然不干涉基督徒的信仰,但對他們收取額外的人頭稅,除了教士、老人、殘廢之外,凡十歲以上的男子皆須繳納。此外,基督徒所繳納的進出口貨物稅是伊斯蘭教徒的二倍。地方上常假借名目橫徵暴斂,儘管鄂圖曼中央政府三令五申,仍然無法杜絕貪污腐化的行為。拜占庭主教由於是以大量金錢賄賂土耳其政府而得來,也逐漸成為土耳其的傀儡,其他的神職人員就更不用說了。為了減輕生活負擔,許多人逃往外地如威尼斯,巴爾幹半島上的阿爾巴尼亞人、達爾馬提亞人和希臘人多充當威尼斯的僱傭軍,他們所組成的輕騎兵 (Stradioti) 在十五、十六世紀時全歐知名。

二、精銳部隊

鄂圖曼土耳其於 1329 年建立了一支皇家軍隊 (Janissary),以兵營為家,認蘇丹為父,終生為鄂圖曼服務。這也使得蘇丹最信任的心腹,其身分時常出現在最低的奴隸階級,某些總理大臣即出身於此。

這個制度成立以來便由歐洲領土招募基督徒家庭中的六、七歲兒童,他們必須住在軍中過團體生活,成為穆斯林,期間不准結婚。

到了十六世紀,他們的人數達到一萬二千至二萬人,成為最得勢的軍隊,並因而獲得結婚的權利,使其軍職得以世襲。許多穆斯林家庭為了富貴,甚至將自己的孩子借給基督徒,以便進入

這個系統。但是後來他們逐漸恃寵而驕，時而叛變以獲取更多權勢，終於成為蘇丹身邊的大患，1826年發動大規模叛亂被敉平之後便被裁撤，此一制度遭到廢除。土耳其長期強制募兵，是人口大量減少的原因之一，十七世紀末，

圖45：男孩登記加入皇家軍隊

少數留在帝國境內的希臘人顯得比穆斯林更珍貴，因為他們依法納稅。

三、文官制度

鄂圖曼土耳其的政府中有許多希臘人，他們逐漸獲得重要職位，因為土耳其人子孫善於征戰卻不善於管理，加上伊斯蘭教禁止教徒說阿拉伯語以外的語言，對外連繫與溝通均需要通譯，此時通曉多種語言的希臘富商、稅吏和高級文官便得到機會，根據十六世紀中葉的威尼斯人所言，當時政府的重要官職多由希臘人充任，其情況甚至引起許多土耳其人抱怨，十七世紀中葉，許多重要官職必須由伊斯蘭教徒擔任的限制也被取消，十八世紀時，鄂圖曼土耳其政府相當於總理大臣助理的外交大臣 (Grand Dragoman of the Porte) 往往是希臘人，甚至有希臘人升任總理大臣，摩里亞也由希臘人治理。

第二節　鄂圖曼土耳其面臨的挑戰

一、希臘人和威尼斯人的抵抗

　　儘管少數希臘人受到土耳其人重用，但是大多數希臘人仍處於被征服和剝削的地位，他們希望能借助西方的力量，推翻土耳其人的統治，恢復民族的自尊與自主。因此，希臘人被征服初期曾有多次起義以及來自西方的援助，例如在 1532 年，熱那亞人安得烈阿·多里亞 (Andrea Doria, 1466–1560) 便曾率領西班牙遠征軍攻克科龍 (Coron) 和摩里亞大部地區，但次年便被驅逐，當地希臘人遭受嚴厲的懲罰。希臘民歌中有許多描述鄂圖曼土耳其統治時期希臘人的反抗事蹟，而在 1776 年美國獨立革命與 1789 年的法國大革命影響下，希臘的愛國志士也組織希臘人、穆斯林及阿爾巴尼亞人共同反抗鄂圖曼土耳其的統治。他們長期從事游擊戰，被稱為克勒普特 (Klepht)，在科林斯地峽以北山區活動，處於半獨立狀態，打劫平原地區較溫和的居

圖 46：安德烈阿·多里亞

民。土耳其人則利用古老的民兵組織阿馬托利 (Armatoli) 壓制反抗者。因為鄂圖曼土耳其大部分軍事力量被牽制在希臘，所以無法深入歐洲其他地區。

拜占庭帝國滅亡後，威尼斯為了維護自己的利益，持續與鄂圖曼土耳其對抗，力圖保住原先的勢力範圍與殖民點，因此，兩個半世紀中，雙方爭戰不斷。第一次衝突發生在 1463 年至 1479 年，威尼斯失去阿爾戈斯和優卑亞，1500 年又失去了摩冬 (Modon)、科龍與利潘托 (Lepanto)，1540 年土耳其人占領納夫普利亞與莫南伐西亞之後，威尼斯人在伯羅奔尼撒最後的據點也喪失了；但是儘管在大陸部分失利，威尼斯仍然占據了愛奧尼亞群島中的贊提 (Zante) 和塞巴利尼亞 (Cephalonia)、伊色加兩座島。至於愛琴海部分，威尼斯僅占有愛奧尼亞群島兩個島嶼以及克里特、提諾斯 (Tinos) 而已。

十六世紀中葉之前，愛琴海的大部分島嶼仍在西方人的掌握中，直到 1566 年阿希佩拉哥公國與熱那亞人控制的希俄斯 (Chios) 被鄂圖曼土耳其攻陷後，土耳其人於 1570 年進攻塞浦路斯，羅馬教廷與西班牙合組一支龐大的聯合艦隊，於次年在利潘托附近海上擊敗土耳其，同時伯羅奔尼撒半島的希臘人也揭竿起義，但未獲得援軍的幫助，被土耳其人鎮壓，至於威尼斯人則於 1573 年與土耳其人締約媾和，持續到 1645 年。

希臘人在數十年的和平期間依然不斷起義，占據地勢險要之地，易守難攻。加上 1460 年至 1684 年間的海盜橫行，劫掠希臘沿海地區，整個希臘顯得動盪不安。

　　威尼斯與鄂圖曼土耳其再次發生衝突，由於土耳其軍隊圍攻維也納不成，主力又被牽制在匈牙利，威尼斯的統帥佛朗契斯科‧莫羅西尼 (Francesco Morosini, 1619–1694) 聯合埃皮魯斯人與馬伊納人，在 1684 年占領愛奧尼亞群島中的聖大莫拉島，1687 年 8 月幾乎占有整個伯羅奔尼撒半島，繼續向科林斯地峽以北進軍，占據雅典，最後在優卑亞受挫，雙方於 1699 年簽訂《卡羅維茨條約》(*Treaty of Karlowitz*)，鄂圖曼土耳其割讓伯羅奔尼撒半島給威尼斯。

　　鄂圖曼土耳其統治下的伯羅奔尼撒狀況很糟，戰爭的破壞與瘟疫盛行使人口銳減，土地荒蕪乏人耕種。威尼斯人試圖恢復舊日的繁榮，他們改善農業，安置由科林斯灣以北來的居民在此墾荒。但是希臘人並不感激威尼斯人，雖然農業有改善，但商業利益卻因統治者的私心而受損，加上彼此又有宗教的衝突，信奉羅馬公教的威尼斯士兵與信仰希臘正教的居民時有摩擦，終於使希臘人逐漸忘卻異族統治的傷痛，甚而羨慕起尚在土耳其人統治之下的希臘人。

　　1715 年，當鄂圖曼土耳其擺脫俄國的糾纏，企圖收復伯羅奔尼撒時，便得到希臘人倒戈相助，甚至獲得馬伊納人合作，使威尼斯人放棄愛琴海最後一個島嶼提諾斯，也失去克里特島上最後幾個要塞。威尼斯人在 1718 年的《帕薩羅維茨條約》(*Treaty of Passarowitz*) 中放棄伯羅奔尼撒，勢力大減，此後不再是支配希臘命運的主要力量。

　　由於威尼斯人的干預，伯羅奔尼撒的經濟狀況漸有起色，土

耳其人也有意採取安撫政策，除了免除當地田賦二年，為了招募墾荒的居民，給予入境移民免徵田賦三年的優惠，使得阿爾巴尼亞人再次遷入。

伊斯坦堡（土耳其人占領君士坦丁堡後易名）的希臘官員中所謂的法納爾人 (Phanariote) 逐漸得勢，他們居住在首都希臘總主教駐地的法納爾住宅區，多為希臘高級教士、東正教教會的財務總管以及各地有勢力的豪紳，接受總主教的保護。鄂圖曼土耳其政府為了搜括財富，因而大量起用希臘富商豪紳充任收稅官及海關官員，這種情形到了對外接觸日漸增多的十七世紀變得更加明顯，希臘人的角色在十八世紀時越來越重要。

土耳其人雖然在 1718 年驅逐了威尼斯人，但自己也江河日下，不再有向外擴張的能力，帝國西北方有奧地利，東北方有俄國，它們不斷迫使鄂圖曼的勢力向後退縮，希臘人也自十八世紀開始爆發獨立運動。

二、俄國的干涉

俄國的彼得大帝 (Peter the Great, 1672–1725) 採取向西方的歐洲發展的政策之後，俄國開始向歐洲擴張，對於東南歐的利益，必然會與鄂圖曼帝國衝突，因而對希臘問題具有決定性的作用。沙皇一直派間諜在鄂圖曼帝國的歐洲部分四處活動，鼓吹同為東正教的希臘人起義抗暴，十八世紀中葉更明目張膽地在馬伊納挑起糾紛，但是土耳其政府卻故意忽視事態的嚴重性，甚至蔑視那些間諜活動。

圖 47：凱薩琳女王

俄國的黑海政策終於導致 1768 年的俄土戰爭，導火線是波蘭問題，俄國並趁機煽動希臘人，凱薩琳女王 (Catherine the Great, 1729–1796) 的野心甚至使伏爾泰 (Voltaire, 1694–1778) 相信，伊斯坦堡不久將成為俄羅斯帝國的首都。不過許多希臘人不願見到統治者由土耳其人換成另一個外族，因此少數的俄、希反抗軍隊在特里波里察 (Tripolitsa) 被土耳其人殲滅。俄國雖然煽動希臘人不成，多瑙河以北的戰事卻很順利，還占領了愛琴海上的一些島嶼，最後雙方於 1774 年簽訂 《庫楚克－凱納吉條約》 (*Treaty of Küçük Kaynarca*)，俄國不但控制黑海北岸，並且使鄂圖曼帝國境內東正教徒的權利得到國際承認，含糊不清的條款更提供俄國干涉土耳其內政的藉口。

阿爾巴尼亞人原是土耳其的僱傭軍，在俄土戰後開始騷擾伯羅奔尼撒和科林斯地峽以北，對象不分土耳其人或希臘人，農村滿目瘡痍，造成當地人口再度下降。1779 年鄂圖曼土耳其調動遠征軍鎮壓，部分阿爾巴尼亞人被剿滅，其他則接受招安擇地定居，此後甚至桀驁不馴的馬伊納人也順服，依照規定繳納稅賦。儘管在 1781～1785 年曾發生瘟疫，至十八世紀末，伯羅奔尼撒的人口仍大幅度增加。

　　俄土戰爭之後俄國仍然繼續推動南向政策，凱薩琳女王甚至一度想恢復拜占庭帝國，立她的孫子為皇帝，以伊斯坦堡為國都，並積極在希臘宣傳煽動，還專為希臘人建立一所軍事學校，選拔希臘名門望族的子弟入學。1783 年俄國與鄂圖曼土耳其政府簽訂商約，使希臘人可以懸掛俄國旗幟到各處經商，因此希臘人在地中海積極發展航運，繁榮的商業更加助長了希臘人團結一致的新思潮。

　　1787 年由於克里米亞問題再度導致俄土之間的戰爭，俄國間諜在希臘各地鼓吹，呼籲彼此合作共同對抗土耳其人，蘇利 (Suli) 地區的阿爾巴尼亞基督徒亦受到激勵，這個地區原即為希臘人與阿爾巴尼亞人共同反抗土耳其的根據地，但他們的力量仍然無法對戰爭產生牽制的作用。

　　1792 年凱薩琳女王不顧希臘人的意願，與鄂圖曼土耳其簽訂《雅西條約》(Treaty of Jassy)，將俄國的疆界推展到德涅斯特河 (Dniester)，並規定土耳其大赦所有參戰的希臘人。不久之後爆發的法國大革命使得歐洲政治更加複雜。

第三節　希臘民族意識的興起

　　希臘人爭取獨立並非僅因隨俄國政策起舞，它是為民族自覺而起，1789 年法國大革命鼓舞了歐洲，革命的口號「獨立自由」也在希臘引起迴響，最早倡議獨立者之一的里加斯·費拉伊奧斯 (Rigas Feraios, 1757–1798) 生於威勒斯提諾 (Velestino)，將法國著

名的革命歌曲「馬賽曲」填上希臘文歌詞，拜倫 (George Gordon Byron, 1788–1824) 譯為「起來吧，希臘同胞們」。里加斯還創立「友誼社」的這個社會組織宣揚愛國思想，並且提供武器給希臘人，組織流亡維也納的希臘人和同情希臘的人士，發起獨立運動，在維也納出版以通俗希臘語翻譯的許多外國著作，另外還蒐集民歌集結成冊，這些民歌在希臘各地都激起愛國情操。但是奧地利政府卻將他引渡予鄂圖曼帝國政府，於 1798 年被處死，中斷他的革命志業。

　　阿達曼提俄斯・科臘伊斯 (Adamantios Korais, 1748–1833) 繼里加斯之後，也受到法國大革命的影響而致力於希臘獨立運動，他自 1782 年起便住在法國。他非常重視古代的文化遺產，也極力依古典傳統整理出介於古典與通俗語言之間的希臘文，使希臘從此有了統一的書寫文字，其成就不僅在於學術方面，不分種族與

圖 48：里加斯・費拉伊奧斯

階級皆能使用的語文，有助於民族國家的形成，他的重要性可見一斑。無獨有偶地，愛奧尼亞群島上也有積極地蒐集民歌的團體，這些民歌以通俗語文寫成，其內容多為歌頌古代光榮的歷史和英雄事蹟，希望藉此培養希臘人的愛國思想。這兩種整理文字的方向雖不同，卻皆有恢復希臘文藝與嶄新的民族情感的作用。

1797 年威尼斯人的勢力退出希臘之後，法國填補了這個缺口，他們繼而占領愛奧尼亞群島，作為向東方發展的據點，但法國人十分在意希臘人的感受，當法軍統帥向希臘人發布文告時往往會提及雅典與斯巴達，藉以表示對希臘光榮歷史的尊重，拿破崙 (Napoleon Bonaparte, 1769–1821) 也曾稱讚馬伊納人不愧為斯巴達人的後裔，他說古希臘世界只有斯巴達人懂得保持政治獨立的訣竅。法國所採取的親希臘做法引起土耳其和俄國的猜疑與恐懼，因此兩個原本有利益衝突的敵對國家聯手迫使法國退出愛奧尼亞群島，該地則於 1800 年成為俄、土聯合保護的共和國。但是俄、土的利益衝突始終存在，導致聯盟很快破裂，土耳其於 1807 年將愛奧尼亞群島割讓給法國，該群島在 1809～1810 年間被英國占領，1815 年起成為英國的保護國直至 1864 年止。

儘管 1815 年的維也納會議無意解決東南歐的問題，鄂圖曼帝國也依法擁有希臘，但希臘境內的民族主義精神高昂。1814 年在敖德薩 (Odessa) 成立的新「友誼社」(Filiki Eteria) 影響力遍及鄂圖曼帝國的歐洲地區，希臘境內的阿爾巴尼亞人也自視為希臘的一分子，積極參與獨立運動。伊斯坦堡的「法納爾」希臘人以及東正教中的教士皆滿心期待新氣象，認為革命運動一觸即發。

圖 49：友誼社的標誌

　　相對地，當時帝國政府正逐步衰敗，昏庸、貪污、腐化的惡
行罄竹難書，地方官員則群雄並起，各據一方，構成了希臘獨立
運動的背景。塞爾維亞自 1804 年掀起叛亂，阿爾巴尼亞人穆罕默
德・阿利 (Muhammad Ali, 1769–1849) 在埃及等同於獨立，亞尼
納總督土耳其巴夏阿利 (Ali, 1740–1822) 也在埃皮魯斯宣布獨立，
土耳其人的鎮壓更加強希臘人的反抗心理，1821 年在摩達維亞和
瓦拉幾亞興起的暴動雖然很快地平息，但是伯羅奔尼撒的希臘人
早已展開獨立戰爭。

第 II 篇

現　代

近代希臘

　　在希臘的現代發展史上，外權事實上扮演著相當重要的角色。從一個半世紀以來，希臘所遭遇到的危機與轉機，外權或多或少都須承擔一些責任。事實上，過去希臘的社會與政治從未自行發展過，希臘人民也不曾做自己的主人。由於地理的位置，自鄂圖曼帝國分裂後，希臘作為控制達達尼爾海峽的要地和阻擋共產主義擴張的防禦點，一直是引起國際瓜分利益的焦點。

　　十八世紀下半葉希臘的海上商業活動迅速發展，巴爾幹半島人民的生活改變甚鉅，中產階級產生。法國大革命後，源自歐洲的新思想與改革思維也傳入巴爾幹半島，民族意識日益昂揚，此外，一方面受到俄國的煽動，加上鄂圖曼帝國已全面衰亡的局面，使巴爾幹半島的人們燃起獨立的希望。

第一節　獨立戰爭

一、獨立戰爭 (1821-1827)

希臘的獨立戰爭因列強的干涉而獲得勝利，希臘的獨立運動也因列強而成功，列強干涉的原因主要由於戰爭期間愛琴海上盜賊四起，各地的騷亂直接影響到它們的利益，再加上國內輿論的壓力，使列強不得不介入，表面上以人道精神關懷希臘，實際上更重要的是保護本國利益。而希臘人之所以能在實力懸殊的戰爭中創造出如此有利的情勢，應該歸功於他們的精神力量。

雖然希臘人民在革命的前幾年獲得成功，但土耳其—埃及軍隊在重整後，藉由戰役削弱了希臘的優勢。1827 年僅在愛琴島、伯羅奔尼撒半島南部的革命活動便已面臨結束的命運。

揭開序幕的是 1821 年 3 月雅西與布加勒斯特受到來自俄國的襲擊，但是尚未造成羅馬尼亞人響應，沙皇亦否認支持此次失敗的行動，最後於 6 月間被鎮壓。伯羅奔尼撒則在同年 4 月爆發起義，教士、鄂圖曼統治時期的希臘新興豪紳 (Primate)，加上武裝士兵，但是他們彼此間並未相互配合，分別採取行動。由於他們屠殺大批土耳其人，導致鄂圖曼土耳其政府採取報復行動，伊斯坦堡的希臘總主教因而被處死，俄國召回駐土大使以示抗議，一時之間兩國的關係緊張，最後外交關係正式決裂。接下來四年中，歐洲列強尤其是英國與奧地利，急於制止俄國藉由煽動希臘

起義而大舉進攻土耳其，他們擔心俄國的野心將致使全歐的勢力失去平衡，英國與奧地利兩國因不同的目的欲阻止俄國，梅特涅 (Klemens von Metternich, 1773–1859) 期望能夠迅速敉平希臘的起義，減低此事對歐洲其他國家的影響，英國則在同一時間積極介入希臘事務，期望能成為唯一具有影響力的國家，若不可行便計畫拉攏俄國共同支配希臘情勢，無論如何，情況似乎都對希臘人有利。

　　希臘人的行動幾乎將伯羅奔尼撒半島的土耳其人全部清除，不過因為希臘人彼此的個人恩怨，派系之間的利益糾紛，各地區間長久以來的不合，情況卻不如想像中順利，幸而他們最終還是證明了自己的陸戰與海戰能力。土耳其人的大意輕敵，讓希臘人在海上有機可趁，土耳其人終究未能守住海岸和島嶼，他們雖然試圖由阿提加、科林斯地峽甚至橫渡科林斯灣進攻，卻始終無法收復伯羅奔尼撒。可惜希臘人未能把握機會建立穩固的政府，1824 年底時，鄂圖曼蘇丹力圖挽救，他以克里特島為報酬，誘使埃及巴夏穆罕默德・阿利出兵，還允諾若是收復伯羅奔尼撒，將以該地作為額外的酬謝。1825 年初，穆罕默德之子易卜拉辛 (Ibrahim, 1789–1848) 率軍進攻伯羅奔尼撒，不久，一百多名的阿拉伯軍隊便占領了大部分地區，但因實力有限而無法全數占領。拜倫駐守的梅索朗吉（即梅索朗吉昂）位在科林斯地峽以北的西部，他於西元 1826 年 4 月去世於該地，兩年後被阿拉伯人攻陷。同情希臘的法國人法布維爾 (Charles Nicolas Fabvier, 1782–1855) 亦於 1827 年 6 月被迫放棄雅典衛城，穆斯林軍隊收復了阿提加，

情勢的發展使列強不得不在這時決定介入。

二、外國干涉

　　列強的插手使希臘臨時政府不得不與各派系妥協，由科羅科特洛尼斯和俄國支持的軍事領袖卡波第斯特里亞 (Ioannis Kapodistrias, 1776–1831) 擔任總統，任期七年；理查德‧丘奇爵士和科克倫勳爵分別統率海陸軍，代表著對島上勢力與希臘新貴的英國派讓步；至於科勒提斯的法國派主要由科林斯地峽以北地區的勢力支持。納夫普利亞此時仍然在希臘人控制之下，易卜拉辛再次出擊時發現敵人的據點還是很多，便採取不同的策略，有系統地破壞美塞尼亞和愛麗斯的葡萄園。

　　沙皇亞歷山大一世後期已不再與盟國協調希臘問題，而是傾向於更積極的政策，1825 年 12 月尼古拉一世 (Nicholas I, 1796–1855) 繼位後，更加堅決地執行此一政策。英國不樂見埃及人占領希臘，但也無法容忍希臘人在愛琴海上的海盜行為，因此 1825 年 6 月希臘請求英國保護時，便在次年 4 月 4 日在聖彼得堡與俄國簽訂協議，兩國政府同意共同或分別令鄂圖曼土耳其與希臘雙方接受協調，希臘可以取得自治地位，但不得劃定國界，並且賠償土耳其產權所有人，其地位仍然為土耳其的屬國。希臘議會於 4 月 29 日正式以此為談判基調要求調解，但是主張未來有權將起義的地區納入希臘。

　　1826 年 10 月的《阿克爾曼協定》(*Akkerman Convention*) 是俄國外交上的一大勝利，起因是沙皇向鄂圖曼土耳其蘇丹發出最後

圖 50：納瓦林灣海戰圖

通牒，要求談判兩國間懸而未決的爭端。希臘人也要求法國波旁王室協助，法國雖未加入革命行動但同意組織十字軍，此舉拉長了談判的時間，也擴大了談判的範圍。戰爭的殘暴傷害，造成國際輿論的重視，最後法國、俄國與英國在外交利益的考量下，於西元 1827 年擊沉土耳其－埃及艦隊。1827 年 7 月 6 日在倫敦簽訂的三國條約僅針對《聖彼得堡協議》(*Protocol of St. Petersburg*) 增加一條，規定派遣聯合艦隊前往希臘水域強迫雙方停戰。儘管雙方表面上接受停戰的調停，無論是陸上的易卜拉辛或者是海上為希臘作戰的英國人哈斯丁 (Frank Hastings, 1794–1828) 都不曾停止軍事行動。英國駐土耳其大使史特拉福・坎寧 (Stratford Canning, 1786–1880) 在一封私人書信中表示，大砲將是最後的仲裁者。由於這種兩面手法，使列強不必擔負殲滅土－埃艦隊的責任，土耳其與埃及的聯合艦隊於 10 月 20 日在納瓦林灣 (Navarin) 與英法俄海軍艦隊決戰。列強唯一留給鄂圖曼帝國政府的是外交

辭令，梅特涅稱它是一場「可怕的災難」，威靈頓則表示這是一樁「非常不幸的事件」，不過各國駐伊斯坦堡的大使早已撤離。俄國雖然想迫使土耳其讓步，甚至不惜一戰，但英國受到條約的束縛，無法這麼做。

　　法國軍隊在 1828 年至 1833 年間以三國的名義占領了伯羅奔尼撒，埃及人僅略微抵抗便迅速退出此地，但是鄂圖曼土耳其的蘇丹仍然不肯屈服，1828 年 4 月他片面廢除《阿克爾曼協定》，面對俄國的大軍，另一場災難性的戰爭迫使他 1829 年 9 月 14 日簽訂《亞德里安堡和約》(*Treaty of Adrianople*)，承認《倫敦條約》(*Treaty of London*)。

三、新成立的希臘王國

　　由於舊帝國的勢力衰亡，巴爾幹半島上的各種族獲得共識，並在英國強力促成下使希臘獨立，但由於政治、經濟的衰弱，故獨立後仍須依賴強權（英國）的援助，這亦讓希臘與斯拉夫產生對立，其後也不斷發生強權干預的情形，英、俄、法、奧地利到後來的德國，皆為了利益而干預希臘事務。

　　當時希臘未來的地位及國界仍尚未確定，威靈頓的想法是，由一位歐洲君主統治較小的獨立國家優於大片領地附屬於土耳其，如此一來可以避免俄國的影響，英、法兩國甚至懷疑卡波第斯特里亞總統是沙皇的傀儡，事實上是他的實力尚不足以建立個人獨裁，1831 年 10 月被暗殺。在嚴重的派系糾紛之後，熱愛希臘文化的巴伐利亞國王路易一世 (Louwig I of Bavaria, 1786–

1868) 同意由其十七歲的幼子——奧圖 (Otto Wittelsbach, 1815–1867) 接受希臘王位。最初威靈頓打算的新國家範圍僅將伯羅奔尼撒及附近一些小島嶼納入，甚至排除優卑亞灣，但是 1828 年在皮洛斯舉行的英、法、俄三國大使會議建議將領土範圍擴大。到了 1832 年，才為奧圖劃出東起伏洛斯灣，西至阿爾塔灣（即安布雷西亞灣），包括阿卡納

圖 51：奧圖一世

尼亞的領土，將兩海灣的北岸及阿爾塔灣南端留給鄂圖曼帝國。鄂圖曼土耳其直到 1833 年 3 月才將衛城的駐軍撤走 ，而希臘的首都雅典在當時不過是一個小村莊。

第二節　奧圖一世在位時期

奧圖登位前後的問題依然不少，三國在決定國王人選之前並未與希臘人商量，俄國則要脅希臘不得制定憲法，由於三國允諾共同分擔六千萬法郎貸款給希臘，因此俄國揚言將毀約；尚未成年的奧圖在 1835 年親自主持內閣之前，實行中央集權統治，重用歐洲派的特里科皮斯 (Spyridon Trikoupis, 1788–1873)、科勒提斯 (Ioannis Kolettis, 1773–1847)、馬夫羅科爾達托 (Alexandros Mavrokordatos, 1791–1865) 等人。雖然巴伐利亞人統治的前十年

有許多建樹，過去參與獨立運動立下汗馬功勞的軍事領袖們卻不甘寂寞，不願放下以往的一切，暴動仍時有所聞；直到 1852 年之前，東正教不願為信奉羅馬天主教的國王行加冕禮，更不支持國王提出建立國教的主張。因此，中央集權、警察監督、徵收稅捐與調查統計便成為當務之急。

1843 年 9 月，軍人、東正教徒與同情他們的俄國人策動了一場不流血革命，迫使國王允許制定憲法。新憲法於 1844 年頒布後，前二任總理馬夫羅科爾達托與科勒提斯雖然都同意應當實行中央集權，但是前者較親近英國派，認為必須先安內後攘外，先整頓內政再向外發展；後者有法國人在背後支持，認為應順從大多數人的意見，藉由向外發展以改善國內現狀，獲得國王與王后的同情，1847 年科勒提斯去世之後的歷任內閣在就職宣誓時始終不忘此一信念。

1848 年、1849 年歐洲革命運動風起雲湧，當時愛奧尼亞群島爆發民族起義，要求與希臘合併，英國為了加強對希臘的控制，希望能鎮壓希臘民族獨立運動，保持自身在東歐與近東的勢力，英國議會中上議院雖加以譴責，但下議院仍以微弱多數通過，於 1850 年 1 月 17 日派遣地中海艦隊封鎖希臘的重要海港比雷埃夫斯，並扣押希臘軍艦和商船。愛奧尼亞群島受英國保護期間，總督的治理使當地較希臘更為繁榮 ，而且 1847 年的憲法改革已較 1817 年的規定放寬許多，但是仍然大力鎮壓，又英國人與威尼斯人同樣僅依靠義大利上層階級統治，終於導致下層階級的希臘民族主義情緒爆發。

　　希臘的民族主義並未影響奧圖一世及其王后的地位，他們此時已完全希臘化，克里米亞戰爭期間他們支持色薩利與埃皮魯斯的起義，當英、法封鎖比雷埃夫斯時，由於他們反對英國約翰‧羅素勳爵提出交還愛奧尼亞群島和不再向土耳其挑釁的條件，甚至令他們的聲望達到頂點，但是這位具有日耳曼血統的國王依然不贊成希臘人效法加里波底 (Giuseppe Garibaldi, 1807–1882)，而同時雅典大學已培養出一批遵循法國革命原則的政治人物，其中之一的埃帕米農達斯‧德勒格俄革斯於 1859 年當選為議員。反抗精神早已悄悄日漸增長，1862 年 2 月納夫普利亞等地駐軍起義，9 月阿卡納尼亞也起而響應，國王夫婦在措手不及的情況下發現雅典駐軍已經起義，並建立了臨時政府，因而被迫於 10 月 24 日退位，避居巴伐利亞的班堡 (Bamberg) 直到四年後去世為止。

　　後人對迂腐的奧圖一世與他容易感情衝動的王后有不錯的評價，希臘人認為他們誠摯，並且使希臘有很大的改善。他統治的三十年間，希臘人口增加一倍，航運業成長一倍，對外貿易也大幅成長；雅典也發展成為一個小城市，比雷埃夫斯則從一無所有躍升為繁忙的海港。儘管奧圖一世始終與各保護國維持特殊的關係，但是卻爭取讓希臘在實質上更接近獨立國家；他統治時間雖然增加希臘的領土，但也不曾壓抑希臘要求將來的領土擴張，甚至鼓勵這種趨勢。

第三節　喬治一世在位時期

英法俄為尋找下一任國王展開協商，雖然英國王子一度勝出，但最後還是由丹麥國王次子喬治 (George I, 1845–1913) 成為希臘的新主人。

希臘人為了取回愛奧尼亞群島而首先選擇了英國阿爾弗勒德王子 (Prince Alfred, 1844–1900)，果不其然，英國公開表示願意交還，並於 1864 年 3 月 29 日與希臘及法、俄簽訂條約，愛奧尼亞群島正式與希臘合併，此舉精神上的意義大於實質上的意義。雖然島上的上層階級不滿，教士也反對將伊斯坦堡的總主教教權移交給雅典的宗教會議，英國從此卻避免與受統一派掌握的希臘議會衝突，擺脫外交的僵局，希臘因而獲得財富、人口與威望，愛奧尼亞群島從未向土耳其人屈服，威尼斯人統治數百年的貴族文化自此與希臘混合，為這個新國家帶來許多利益。

喬治一世身為立憲君主，甚至是民主的君主，他以「希臘人的國王」的稱號取代「希臘國王」，憑著靈活的手腕和 1864 年新制定的憲法制度下，五十年的統治地位始終不墜。他在位期間的第一次危機

圖 52：喬治一世

是發生在 1866 年的克里特島暴動，島上居民表面上不滿財政、司法和教育狀況，實際是為爭取與希臘合併，至少得到自治。拿破崙三世 (Napoleon III, 1808–1873) 與沙皇建議舉行不記名的公民投票。1868 年，鄂圖曼土耳其蘇丹被迫頒布《行政組織法規》，允許更多的基督徒參政，減輕賦稅，但僅為一紙空文，十年間不曾實施，不過其後卻成為鄂圖曼土耳其帝國境內各地區憲法改革的基礎。行政組織法規制定後，雅典的群眾情緒仍然日益激昂，他們要求除了色薩利與埃皮魯斯之外，也要合併克里特島，但是新首相在 1869 年 2 月的會議上被迫撤銷這些要求。儘管俄國和土耳其所持的理由不同，私心裡都不願見到鄂圖曼土耳其帝國歐洲部分的斯拉夫東正教徒受希臘總主教影響。因此，鄂圖曼帝國政府在俄國的慫恿下，於 1870 年 2 月 28 日頒布敕令，成立保加利亞教長管轄區 (Bulgarian Exarchate)，使保加利亞人獨立自主地管理教會，其範圍包括後來成立的保加利亞公國、亞德里安堡 (Adrianople)、薩羅尼加 (Salonica)、莫納斯提爾 (Monastir) 和科索沃 (Kossovo) 地區，希臘人的計畫遭到另一次挫敗。在此同時，希臘內部卻因為憲法上許多細節的合法性問題而爭議不休，並且有擴大的趨勢。

1877 至 1878 年俄土戰爭爆發，希臘國內強烈的愛國情緒暫時掩蓋了派系之間的紛爭，不過他們對俄國越來越明顯的泛斯拉夫政策感到不滿，因而並不同情斯拉夫人的起義，由於希臘遲至 1878 年 2 月 2 日才公開決定占領鄂圖曼土耳其所屬的希臘領地，俄土之間已經達成停戰，因此來不及出兵。最後英國領事出面調

解，鄂圖曼政府允諾將會落實行政組織法規，並且在帝國的歐洲部分普遍實施，終於平息了色薩利與克里特島更嚴重的暴動。《聖斯蒂凡諾條約》(*Treaty of St. Stefano*) 使俄國在柏林會議上打消其斯拉夫政策，但英國支持希臘獲得直接代表權的企圖並未成功，希臘僅獲得承諾將促使土耳其蘇丹改善其北部邊界，預期將邊界線推進至由薩蘭布里亞（庇尼俄斯）河口到科孚島對面的卡拉馬斯（提阿米斯）河口。

土耳其人不得不放棄富庶的色薩利，令其與希臘合併，但他們不願放棄西部的亞納尼、普雷弗扎以及阿爾塔，他們認為此地區屬於阿爾巴尼亞，希臘人則認為它應該是埃皮魯斯的一部分，1881 年 5 月 24 日，在未知會希臘的情況下簽訂了一項條約，將亞納尼與普雷弗扎留給土耳其，阿爾塔以及幾乎所有的色薩利都劃入希臘的領土範圍。至於克里特島的基督徒則滿意 1878 年 10 月的《卡勒帕公約》(*Pact of Halepa*)，公約規定實行 1868 年制定的行政組織法規，成立議會政府，並任命希臘人為首長 (Governor)，克里特島自此取得自治的地位。塞浦路斯雖然意外地割讓給英國，而且依然必須向土耳其蘇丹繳納貢賦，但是能夠脫離鄂圖曼土耳其統治的欣喜顯然勝過了他們對財政負擔與憲法限制的不滿。

而德利吉安尼斯在國王與各政黨的支持下，不顧列強反對，準備進軍克里特島與土耳其的大陸領土。1897 年 4 月，鄂圖曼土耳其對希臘宣戰，以回應希臘非正規軍入侵馬其頓的行動，雙方都不顧列強的勸告，產生正面衝突。列強不願見到希臘戰敗、喬

圖 53：1880 年的巴爾幹半島

治王朝被推翻的結果，不得不於戰事發生一個月後介入調停，於
1898 年 11 月達成將北方邊界一些戰略據點交還土耳其的協議，
希臘政府必須從國庫歲入中撥付賠款和國債的利息，由三國成立
監督委員會負責管理，四國占領克里特島的主要城鎮，任命國王
的次子喬治王子 (Prince George, 1869–1957) 為該島的高級專員，
如此一來便解決了部分的問題。喬治王子殫精竭慮致力平復地方
上的不滿情緒以及實行自治的工作，列強的駐軍撤走後不久，西
元 1908 年爆發青年土耳其革命，又導致了一次時機尚未成熟的合
併宣言。

　　鄂圖曼土耳其蘇丹狡猾地挑起馬其頓各民族間的仇視，他不

時給予這些民族優厚的待遇 ，在他們彼此之間製造矛盾 ，例如 1878 年設立的保加利亞教長管轄區，無形中助長了教會和學校的叛變意識，待保加利亞當真採取行動，於 1885 年併吞東魯美利亞，至 1895 年又轉向塞爾維亞人和瓦拉幾亞人示好。1905 年土耳其藉機給予瓦拉幾亞人某種程度的特權，挑撥羅馬尼亞與希臘，令它們斷絕彼此的外交關係。馬其頓各民族都曾對土耳其提出種種不同的要求，但得到最少讓步的是希臘人，因為他們的要求實在令土耳其無法接受。1905 年鄂圖曼土耳其蘇丹接受三國提出的國際共管方案，不過此舉效果不彰，馬其頓的騷亂不但不曾平息，反而引發了重大的革命。

　　鄂圖曼土耳其政府曾於 1876 年匆促頒布一部憲法，兩年後突然停止實施 ，阿布都‧哈米德 (Abdul Hamid II, 1842–1918) 的專制政權引起了土耳其青年人的忿恨，他們也對外國政府的控制感到不滿，因而於 1891 年在瑞士日內瓦設立秘密組織——「團結進步委員會」，後來遷往巴黎，1906 年遷到薩羅尼加，在當地的軍官中獲得極大的迴響，獲得猶太人和共濟會會員的同情。青年土耳其黨於 1908 年 7 月 23 日在馬其頓公布一部新憲法，揚言將向土耳其的伊斯坦堡發兵進攻，致使土耳其蘇丹立即於第二天讓步，列強也同意取消對土耳其的控制。但是保加利亞宣布獨立，由斐迪南親王 (Ferdinand, 1861–1948) 擔任統治者 ；奧地利則於 1908 年兼併了波士尼亞與赫塞哥維那，一連串事件導致青年土耳其黨議會內部出現紛爭，1908 年 4 月 13 日伊斯坦堡爆發反革命事變，團結進步委員會所轄的馬其頓軍隊立即前往伊斯坦堡，之後更廢

黜了阿布都‧哈米德，與保加利亞、
奧地利講和，最後塞爾維亞人的利
益被盟友俄國犧牲。

希臘政府並未介入巴爾幹之上
斯拉夫民族的起義，也拒絕接受克
里特臨時政府再一次發表要求合併
的宣言，儘管列強在島上的駐軍已
經撤離，希臘政府恐懼青年土耳其
黨人不惜一戰的威脅，被迫壓制克
里特、馬其頓和埃皮魯斯的活動，
1909 年 8 月甚至再度將克里特交

圖 54：維尼齊羅斯

給列強處理。種種怯懦的行動引起許多雅典軍官的不滿，他們掌
握了政權後， 任命來自克里特島的厄琉特里俄斯‧維尼齊羅斯
(Eleutherios Venizelos, 1864–1936) 為首相。 在獨立戰爭中表現搶
眼的維尼齊羅斯，於建國後贏得 1910 年的大選，一個新的自由黨
崛起，無傳統包袱的他開啟了全面的改革與重建，他身邊的年輕
知識分子更藉此實現他們長久以來的夢想，建立以西歐國家為典
範的現代民主政體。維尼齊羅斯說服軍官們自動解散，以便修改
1864 年制定的憲法，1911 年國民議會第二次修法，使軍人此後沒
有干預政治的理由。

1909 年的軍事革命並無明確的政治理念，只是因長期對執政
派系以及皇室的不滿與憤怒， 由左巴 (Nikolaos Zorbas,1844–
1920) 上校所帶領的反動軍隊，不僅藉此強調他們的需求， 更體

認到他們是國家唯一有組織的勢力。此外，喬治一世的開明政治也促使他並未干預希臘的政局，故至此近一百年的寡頭政治消失，繼起的是嶄新的希臘。

由於海上貿易與銀行體系的快速發展，繼任政府所強調的經濟政治造成平民階級與農民更大的壓力，稅收不斷增加，更加重勞工與平民的負擔，進而組織公會與商會，1909 年 3 月更有數千名商人齊聚雅典與皮瑞 (Piree) 示威遊行，抗議賦稅不公。

而色薩利地區農民賴以維生的葡萄乾貿易銳減，對他們的生計造成危機，因而要求改革更甚，希望希臘政府能因襲土耳其的大地主政策，甚至於 1905～1910 年間發生農民革命，最後以血腥鎮壓收場。

1913 年 3 月 18 日喬治一世被暗殺，當時他統治希臘即將邁入五十週年，克里特島也已正式與希臘合併。綜觀喬治一世的統治，自 1897 年的土耳其戰爭到維尼齊羅斯就任首相期間，他小心翼翼地避免使王室受到更嚴重的批評，始終受到普遍的擁戴，愛奧尼亞群島、色薩利、阿爾塔以及克里特都在此時與希臘合併；希臘人口較過去增長三倍，人口密度則增長至二倍，對外貿易與航運業的噸數更是過去的三倍多；國內的盜匪大半被肅清；共修築了近四千公里公路與一千多公里鐵路，並且與歐洲的鐵路接軌通車。

第四節　劇變時期

一、巴爾幹戰爭 (1912–1914)

在英、法兩國的監督下，更強化希臘的海軍實力，1912～1913 年的巴爾幹戰爭，維尼齊羅斯先與塞爾維亞、蒙特內哥羅以及保加利亞聯合抵禦土耳其，又聯合塞爾維亞攻打保加利亞，最後贏得大戰。戰後 1913 年的《布加勒斯特條約》(Treaty of Bucharest) 為希臘贏得克里特、埃庇爾 (Epire)、馬其頓大部（包括薩羅尼加）以及大部分的愛琴海島嶼。

二、第一次巴爾幹戰爭

義大利人覬覦的黎波里與昔蘭尼加很久，1911 年義大利向土耳其宣戰，於 1912 年 4 月開始占領羅德島、科斯島、勒普索斯等十個島嶼，不過各島嶼的代表卻集會宣布與希臘合併，土義戰爭最後於 1912 年 10 月 18 日簽訂《洛桑條約》(Treaty of Lausanne)，規定義大利軍隊必須在土耳其撤離北非兩個屬地（今利比亞）之後也離開該地區，但最後並未實行。巴爾幹半島上各民族如今已認清青年土耳其黨人的民族主義更甚於自由主義，由於土耳其的復興與義大利的野心，使希臘人認為應該及早行動以確保順利接收原屬於土耳其的領土。

維尼齊羅斯先恢復與羅馬尼亞的外交關係，與鄰國修好，並

圖 55：土耳其軍隊向康士坦丁投降

在 1912 年蒙特內哥羅、保加利亞、塞爾維亞對土耳其宣戰時，加
入巴爾幹國家的陣營，因而獲得勝利。希臘的康士坦丁王子
(Constantine I, 1868–1923) 幾乎獨立率領陸軍肅清馬其頓的南部
與西部，同年 11 月 8 日率軍進入薩羅尼加，希臘最初並未包括在
停戰協定之中，經列強施壓之後，土耳其才勉強同意倫敦會議上
提出的要求。但是情勢突然有了極大的轉變，青年土耳其黨推翻
土耳其政府，否決已簽訂的停戰條款，戰爭因此於 1913 年 2 月 3
日再度爆發。第二次開戰情況仍然一面倒，同年 5 月 30 日簽訂的
《倫敦和約》(*Treaty of London*) 規定土耳其將除了阿爾巴尼亞之
外的歐洲部分領土割讓給巴爾幹半島國家；伊斯坦堡以及由愛琴
海的埃內茲（埃諾斯）直到黑海的米迪亞這條交通要道仍由土耳
其保留；克里特島劃歸希臘所有，但是土耳其所屬的愛琴海島嶼
以及阿爾巴尼亞的未來則由列強決定。

三、第二次巴爾幹戰爭

第二次巴爾幹戰爭的導火線是由於在奧地利與義大利的壓力下，爆發馬其頓的領土之爭。經過一場短暫而血腥的戰役之後，塞爾維亞人進入保加利亞，希臘人則奪取馬其頓與色雷斯大部分的沿海地區，羅馬尼亞趁機占領多布魯甲南部，土耳其也於 1913 年 9 月 29 日與保加利亞簽訂 《君士坦丁堡條約》 (Treaty of Constinople)，收復埃內茲、亞德里安堡與基爾克－基利塞，其邊界稍微向北推進。保加利亞於 1913 年 8 月 10 日與巴爾幹半島國家簽訂《布加勒斯特條約》，割讓給希臘馬其頓大部分地區，如此一來希臘東部邊界便到達愛琴海，雖然不包括克散提，卻得到他們渴望已久的菸草出口港卡瓦拉 (Kavala)。

希臘與土耳其曾於 1913 年 11 月簽訂和約，將阿爾巴尼亞與愛琴海上土耳其所屬的島嶼交由三國解決，但是希臘人已在戰爭期間占領了其中九個島嶼，薩摩斯議會此時宣布與希臘合併，希臘也於 1913 年 3 月 15 日派遣軍隊駐守 ， 因此三國在 1914 年 2 月承認希臘擁有這些島嶼的主權 ， 愛琴海島嶼中除了提內多斯 (Tenedos) 與安布洛斯 (Imbros) 之外皆歸希臘所有，如果義大利未占領多德卡尼索斯群島，必然也會成為希臘的囊中之物。不過三國也提出一個條件，要求希臘必須退出埃皮魯斯北部的夸蘭塔聖地、契馬臘、阿季羅卡斯特隆與科里察等地，以便成立新國家阿爾巴尼亞。同年 5 月 17 日希臘軍隊撤離之前，該地的希臘居民在國際的監督之下已獲得有限的自治權。至於阿爾巴尼亞的統治者

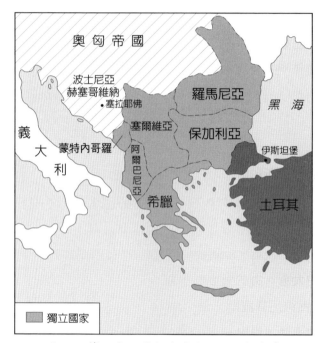

圖 56：第一次世界大戰前夕的巴爾幹半島

則由德威廉親王 (Prince Wihelm of Wied, 1876–1945) 雀屏中選。

四、第一次世界大戰

　　對希臘等巴爾幹半島上的國家而言，1914 年 8 月爆發的戰爭僅是二年前的爭端擴大而已，並非新起的戰爭。不過希臘的康士坦丁國王與首相維尼齊羅斯的支持對象卻不一致，康士坦丁與德皇有姻親關係，很羨慕德國強大的陸軍，並且遺憾未能加入中歐的三國同盟；維尼齊羅斯則較信賴協約國的海上力量和經濟實力，他預期可以依靠協約國收復更多的領土。他們兩人各負盛名，一

個是促成克里特島與希臘合併的推手，創造了巴爾幹同盟；另一個則以在巴爾幹戰爭中的軍功聞名於世，但是由於二人理念的不同，導致希臘的政策不定，因此未能在戰後取得最大利益。

戰爭爆發後，維尼齊羅斯首先向塞爾維亞保證願意協助擊退保加利亞的侵略，並向協約國表示共同對付土耳其的意願，但是當英國於 11 月 5 日對土耳其宣戰時，希臘依然保持中立。

維尼齊羅斯和康士坦丁國王的矛盾造成內閣解散，國王成立新政府，保證對協約國採取善意的中立，與塞爾維亞簽訂的條約也僅適用於巴爾幹地區的衝突，不過，塞爾維亞在協約國的援助到達之前已被侵占。而維尼齊羅斯所屬的自由黨也未參加同年 12 月 9 日的大選，由於康士坦丁的搖擺不定，利用傀儡政府行獨裁政權，鎮壓維尼齊羅斯一派，維尼齊羅斯因而宣稱國王表裡不一，拒絕參加選舉，退出議會，領導反對陣營。保加利亞則利用這個空檔，於 1916 年 5 月派遣軍隊占領通往馬其頓東部的要衝之一洛珀爾堡壘。

聯軍的海軍倉促成軍，加上義大利的加里波底長征失敗，促使康士坦丁之妻強迫康士坦丁加入戰事，至少對德國陣營進入巴爾幹半島一事表示歡迎的中立立場。此舉促使維尼齊羅斯在 1916 年 10 月宣布革命起義，並於薩羅尼加建立對立的政府，英、法聯軍進入雅典後，1917 年 6 月康士坦丁讓位給次子亞歷山大 (Alexandre, 1893–1920)，此舉亦代表維尼齊羅斯在雅典的勝利。

1915 年 4 月 26 日簽訂的《倫敦條約》將多德卡尼索斯群島交由義大利統治，分配阿爾巴尼亞的領土時不顧希臘，給予義大

利較多優惠，這些舉動使希臘人不信任協約國，而協約國亦不再信任康士坦丁所謂善意的中立。維尼齊羅斯則趕到克里特，號召希臘人及時挽救一切，他們於 1916 年 10 月 5 日登陸薩羅尼加，在當地組織臨時政府，並且立即向德國和保加利亞宣戰。

因此希臘此時有兩個政府，但是協約國尚未承認維尼齊羅斯的政府，他也僅獲得新收復地區的支持；另一個由康士坦丁主導的政府則得到舊希臘各州「後備軍人同盟會」支持，他被協約國視為麻煩製造者。協約國為了懲罰希臘人抵抗登陸部隊的行動，驅逐所有在雅典的敵國公使館官員，控制比雷埃夫斯港和通往薩羅尼加的新鐵路，並且封鎖海岸，堅持將希臘軍隊移至伯羅奔尼撒。康士坦丁利用協約國這種嚴屬手段所造成的民怨而得利，但是 1917 年 4 月美國終於決定參戰，加上他請求柏林出兵維尼齊羅斯所占領的馬其頓地區未果，被迫收斂他公然敵視協約國的態度。不過此時協約國對康士坦丁已忍無可忍，最後通牒中要求他立即退位。康士坦丁國王為了避免正式退位，將王位交給次子亞歷山大王子。

希臘政府重行統一之後立即恢復 1915 年 6 月成立的議會，議會中除了十位議員外都投了信任票。許多反對維尼齊羅斯派的官員被罷免，雖然其中大多數文官於 1920 年復職，但許多軍官仍然被視為政治上不可調和的危險分子。首相維尼齊羅斯亦對中歐的同盟國宣戰。1917 年 7 月南部斯拉夫各族代表於科孚島簽署一份公約，聲明將成立一個新國家。1918 年 9 月，英、法、希臘以及塞爾維亞的聯軍展開反攻，迫使保加利亞投降，收復了貝爾格

勒，土耳其則在 1918 年 10 月 30 日簽署停戰協定。

五、戰後和約

1919 年 11 月 27 日簽訂的《納伊條約》(Treaty of Neuilly-sur-Seine) 規定，保加利亞必須解除部分武裝，並且將多布魯甲南部歸還羅馬尼亞；根據該條約，希臘不僅收復馬其頓東部，尚取得色雷斯西部以及後來改名為亞歷山大魯波利斯 (Alexandroupolis) 的達達阿阿奇 (Dedeağaç) 小海港與鐵路，使保加利亞不再是愛琴海岸國家之一。不過由於條約中規定給予保加利亞經濟海口通往愛琴海，造成希、保雙方爭議不斷，保加利亞期望收復達達阿阿奇，希臘人則主張改由向西通往薩羅尼加的鐵路方面給予方便，雙方都不敢冒險同意從索菲亞沿斯特魯馬河谷直達薩羅尼加的鐵路線，儘管此法更簡單、更合情理。條約還規定少數民族自願遷出，結果使希臘北部邊界不僅是國家的界線，也是不同民族的分隔線。

停戰條款對解除小亞細亞地區土耳其人武裝的效果不大，土耳其問題拖延許久才告解決，協約國各國意見分歧，偏偏希臘人又魯莽躁進，同時土耳其國內發生革命，都是原因之一。希臘人希望伊斯坦堡成為永久自由開放的國際城市，並且加入協約國駐防，另外還要求占領小亞細亞海岸的大片土地，協約國於是在 1919 年允許希臘占領士麥那和埃皮魯斯北部。但是協約國意識到不可忽視基馬爾主義運動這股反動勢力，決定蘇丹繼續留在伊斯坦堡，希臘則可派兵平定色雷斯由士麥那北至達達尼爾海峽的小

亞細亞地區。

　　1920 年 8 月 10 日簽訂的《塞夫勒條約》(*Treaty of Sèvres*) 使希臘得到亞德里安堡以及色雷斯東部直到距土耳其首都不到二十哩的恰塔耳賈 (Çatalca)，此外還有加利波利和馬爾馬拉海北岸，海峽則由國際委員會管理，士麥那 (Smyna) 及其腹地自此歸希臘管轄，依規定設立地方議會，五年後自由決定是否與希臘合併。儘管此條約從未被批准，希臘人卻因而士氣大振，維尼齊羅斯首相的目的是設下一道防堵土耳其民族主義的屏障，為分散在小亞細亞各處的希臘人提供避難所。同時，土耳其放棄了愛琴海上所有的島嶼。

　　保皇派主張和平，提出「一個小而受尊敬的希臘」的口號；自由黨主張擁抱兩大洲與五大海洋，提出「大希臘」的標語，維尼齊羅斯雖然得到中產階級支持，但農民與勞工階級的支持度大幅下滑，加上亞歷山大國王意外死亡，因而在選舉中大敗，導致保皇黨準備利用公投扶植康士坦丁為王，引起協約國擔憂。

　　「大希臘」的局勢須視土耳其而定，因為希臘在士麥那的執政必須面對來自土耳其的敵視。面對土耳其高漲的民族主義，希臘軍隊整肅後士氣大受影響，大部分維尼齊羅斯的支持者亦被清除，在 1922 年 8 月被土耳其軍隊擊潰，士麥那被燒毀，結束希臘在小亞細亞愛琴海沿岸二千五百年來的統治，造成國家統一時代的終結。這次失敗對希臘人民的生活造成相當大的影響，首先是普拉斯提拉斯 (Nikolaos Plastira, 1883–1953) 上校領導共和派軍方發動軍事革命，改革派政府與維尼齊羅斯派勢力則聯合整肅造

成戰爭災難的禍首的保皇黨派。從此開啟保皇派與維尼齊羅斯派之間長達二十年的鬥爭。

1923 年 7 月 24 日簽訂的《洛桑條約》解決了希臘與土耳其基馬爾主義者之間的問題。它批准希臘與土耳其強制交換人口的安排，因為各大國希望清除小亞細亞所有的希臘人，又覺得太過於冒險，才想出這種方法。1922 年 3 月決定更動色雷斯的邊界，土耳其恢復 1914 年的邊界線馬里乍河；1921 年 11 月的大使會議決定將埃皮魯斯北部交還阿爾巴尼亞，恢復 1914 年的邊界線；1914 年曾歸土耳其，戰爭期間為各大國占領的提內多斯島與伊姆羅茲島，《塞夫勒條約》決定交給希臘，與希臘的利姆諾斯島以及薩莫色雷斯島都劃為非軍事區。

希臘緊張的對外關係終於因《洛桑條約》的拍板定案而告一段落，希臘人也終於認清現實，暫時停止擴張的政策，與鄰國和解以維護既得利益，不過相較於眼前所遭受的挫折，收穫還是相當可觀。

十年的戰爭塑造出完全不同於以往的希臘，國土擴張一倍，人口增加迅速，一百五十萬名難民改變了希臘的人口組成結構，加上它帶來的社會與經濟上的融合問題，成為希臘必須優先解決的難題。郊區人口快速發展，特別是在雅典等大城市，數十萬無工作、住所、金錢的難民亦在主要城市形成貧民窟。另一個因大量難民湧入而改變人口結構的是馬其頓。此外，安納托利亞人民被安置在廢棄的地區，並由希臘管理，民族的混雜也造成好幾次國際的混亂局勢。

　　除此之外，希臘仍是一個以農業為主的國家，懼怕社會革命與難民造成的壓力，加速了改革的腳步，1917 年的維尼齊羅斯與 1923 年的革命政府皆明定，徵收大地主幾乎所有的土地，分配給無地的農民。然而由於缺乏現代技術，亦無法吸引資金投資農業，故只能以合作的方式和地主共同做中小型的耕耘開採。農業信貸組織的建立則是為了促進希臘農業的現代化，然而 1929 年設立的農業銀行，因為所貸資金不夠資助農民改革生產技術，仍舊無法解決問題。人民則希望可以有小額借貸、廢除舊債，或者給予合理的價格以購買產品。

　　儘管在經濟不振與難民動搖社會結構的影響下，共產黨 (KKE) 的勢力仍舊無法獲得多數的認同，甚至在難民區裡亦只有少數的支持者。共產黨派在第一次大戰與第二次大戰之間，仍舊是政治上的弱勢團體。

　　希臘的工業比例也非常少，除了幾個大型企業與公眾服務之外，大部分的企業員工皆低於五人，即使希臘的工業發展迅速，直至第二次世界大戰，重工業仍舊未建立，也未組織勞工階級，並且受到企業主的家長式作風影響，阻礙了社會運動的發展，希臘仍是一個開發不足的農業國家。

第五節　內　政

一、希臘共和國

　　1922 年的軍事革命收拾了因小亞細亞瓦解所造成的混亂局面，激進派軍官在短時間內重整軍備，並遏止土耳其的積極擴張。1923 年由維尼齊羅斯主導協調的《洛桑條約》提倡和平，政壇上保皇派與維尼齊羅斯黨彼此殘酷的政治鬥爭，雖因康士坦丁退位而緩和一段時間，依然造成 1923 年的軍事暴動，保皇派未來的獨裁者麥塔克薩斯 (Ionnis Metaxas, 1871–1941) 於 10 月組織領軍。這次的暴動實際上起因於君主政體或共和政體的爭執，因為維尼齊羅斯黨派內部分裂與維尼齊羅斯於 1928 年之前在政壇上缺席的雙重影響下，使後繼的領導者無法結合力量與保皇派抗衡。生於 1909 年的左派帕帕納斯塔西烏 (Alexandros Papanastassiou, 1876–1936)，受維尼齊羅斯黨派潮流的影響，持續激進的社會運動，他與反保皇黨的軍官同一陣線，但又與自由黨派對立，不過也受到英國支配，並不滿意康士坦丁的退位而冀欲改革政體。此舉對自由黨的演變有相當大的影響，1923 年 12 月的選舉自由黨獲勝，共和黨並未占有多數席次，但選舉後兩日，代表軍方的改革委員會做成要求喬治一世離開希臘的決定，並於 1924 年 4 月 13 日由公民投票，正式宣告共和成立。軍方的干涉政治，開啟了希臘一系列的政治干預、暴動和軍事政變，促使年輕的共和政體

走向解體的命運。

　　軍人干政的結果使保守黨逐漸蠶食在 1922 年放棄自由黨派的共和黨勢力。共和黨發現若擁有理想的政治內容與明確的理念，軍方便會自行分裂為眾多團體，無法有效地干預政治。1928 年維尼齊羅斯有感於由保皇黨主政期間政治的混亂，以及繼任者的無能，才再度活躍於政治舞臺。

　　來自小資產階級的共和黨員，越來越反對勞工運動，勞工運動一直攻擊共和黨的派別，包括所有的農民運動，此舉產生共和黨內部的反共產派，故掌控工會的共產派勢力與進步派勢力之間的鴻溝加深。

　　維尼齊羅斯自 1928 年起成為希臘的執政者，四年半的執政期是兩次大戰間最長也最穩定的政局，但是希臘的農力過剩，農業生產不振，1929～1931 年農業歉收，以及國際經濟作物需求銳減，不僅加深了農業問題與貿易赤字，更是促使他失敗的主因。

　　希臘的共和黨與保皇黨之爭開始於 1922 年 9 月康士坦丁退位之時，它往往被誤以為是維尼齊羅斯派與反維尼齊羅斯派之爭，贊成君主立憲的人民黨並未參加 1923 年 12 月舉行的大選，維尼齊羅斯派在大選中贏得二百席，共和黨人贏得一百二十席。共和黨的支持者是勢力強大的陸海軍軍官，使得喬治二世國王離開希臘卻未正式退位，維尼齊羅斯於 1924 年 1 月應國民議會之請，擔任一段相當短時間的首相，但因為他提議先舉行公民投票再進行普選，遭到共和黨人反對，只好隱居巴黎。當議會在 1924 年 3 月 25 日投票表決後，共和黨軍官團支持的新任首相帕帕納斯塔西烏

便在公民投票的支持下，宣布希臘實行共和。

　　1932 年的選舉，共產黨首次超過百分之五，而且與百分之六甫成立農民激進黨結合，讓共和黨員相當惶恐，而同年亦發生規模越來越大的罷工，強調「保護社會政體（規章）」。接著一連串的政治鬥爭、反維尼齊羅斯的謀殺、維尼齊羅斯派組織的軍事政變等，造成雙方黨派的清算、爭權，無異是想要實行獨裁政權。雖然維尼齊羅斯最後想要和解，但爭得勝利的人民黨 (Populist) 卻極盡所能，想排除擁有十二年舞臺的共和黨。特薩耳達里斯 (Panagis Tsaldaris, 1868–1936) 執政的二年半期間是君主制的過渡期。他的政黨占議會的多數，但站在對立面的維尼齊羅斯派則控制了國會，因此它可以抵制議會通過的種種措施。反對派認為在這樣的情況下，應該召開國會會議；政府方面認為，這完全是合法的。

　　1935 年 11 月 3 日舉行的公民投票，據稱百分之九十七贊成國王復位，投票結果遭致非議，共和黨確信保皇派作票，但是另一種說法認為，希臘人早已厭倦維尼齊羅斯派與康士坦丁家族之間的爭執，由於恐懼內戰爆發以及失去政治自由，始終拖延改革的腳步。希臘的經濟逐漸依賴納粹德國，使城鎮受害而農民得利，輿論最後趨向於既反對共和制也不支持君主立憲制。

二、國王喬治二世與麥塔克薩斯將軍

　　1935 年，自 1923 年起便避居於英國的喬治二世回到希臘之後，為了與各方取得和解，計畫擺脫曾支持他復位的政黨，因此

他宣布大赦，罷免了柯迪利斯，解散舊議會，成立新的國民議會以修改憲法。1936 年 1 月的大選結果出現僵局，君主派和自由黨、共和黨與農民黨僅相差一席，共產黨成為關鍵的少數，在二大陣營之間的地位舉足輕重。喬治二世選擇無黨派的德墨齊格 (Konstantinos Demertzis, 1876–1936) 擔任首相，組成超議會派政府，但他於 4 月間去世，麥塔克薩斯將軍使議會同意休會五個月，他並不贊同喬治二世對國會的重視，此時幾位政壇領袖相繼去世，如柯迪利斯、德墨齊格、維尼齊羅斯、特薩耳達里斯、杜里俄提斯、扎伊米斯，使他的做法未受到阻撓。但是他仍然受到來自各政黨的壓力，尤其是新任命的四十人立法委員會，共產黨則展現了驚人的實力。然而，共產黨人將進行總罷工的威脅反而給予麥塔克薩斯藉口，使喬治二世相信希臘不適合實行君主立憲，1936 年 8 月 4 日，國王宣布戒嚴、解散議會，中止憲法保障人民

圖 57：喬治二世

圖 58：麥塔克薩斯

自由的權利。

　　1936 年維尼齊羅斯之子索福克 (Sophocle Venizelos, 1894–1964) 成為第一首相，與麥塔克薩斯合作有時間限制的極權統治。自由黨與人民黨並未鼓動群眾反對麥塔克薩斯，共和黨則準備發起大規模的抵抗，但麥塔克薩斯執行法西斯政體已得到國王的支持，大力削減其他政黨活動的空間。

　　麥塔克薩斯在希臘建立的獨裁政權模仿墨索里尼 (Benito Mussolini, 1883–1945) 與希特勒 (Adolf Hitler, 1889–1945)，他在廣播中號召希臘青年反對陳腐的政客、政黨和議會，並宣布實行部分社會改革，重整軍備，他放棄了義大利法西斯政權——社團國家 (Corporative State or Corporate State) 的經濟制度，標榜社團管理國民經濟，國家對經濟生活有無限控制權，以減低消費、擴大軍備。麥塔克薩斯改實行最低工資、社會保險與產婦津貼，他還組織青年運動，提出十年國建的公共工程計畫。希臘人面對自 1929 年以來的經濟蕭條，採取減少進口菸草與葡萄乾以彌補出口量下降，同時小麥產量則增加了一倍，工業產量也增加百分之五十以上。由於希臘與德國簽訂清算協定，以馬克為貨幣單位，高價出售上述農產品，不過卻必須以信用基金的形式存放在德國，再高價購得德國出售的軍備與工業品，將大筆外匯留滯德國，不得不從德國進口貨物，不過只要英國採購一定數量的菸草或葡萄乾，他也願意與英國交易。

　　麥塔克薩斯在德國入侵之前成功地抵擋義大利的進攻，直到 1941 年 1 月去世時，希臘的自由依然不可動搖。僅有少數的反對

勢力，雅典人尤其厭惡新聞檢查，它不但影響新聞界、大學教學，甚至連劇場中伯利克里斯的演說、《安蒂岡尼》劇中的臺詞都是檢查的對象，所有政府禁止發表反對意見的規定都不受歡迎，1938年政府流放一批異議分子至海島後，人們便收斂許多，面對鄰國獨裁主義的入侵，政治自由與團結不易並存，希臘人最終了解事實，當戰爭再度爆發時，共和黨軍官紛紛復職，團結一致，完全不同於第一次世界大戰時的情況。

　　麥塔克薩斯的政府是警察（蓋世太保）統治，因獨裁無法完全控制國王的軍隊，故以法西斯組織警察與治安人員達成目的。麥塔克薩斯的內政管理沒有連貫性，以墨索里尼主義為榜樣，採用包括社會主義教條、道德化原則、開放極權方針等形成的政體計畫，其有兩大重點：社會形態為一個勞動的社會，每個希臘人都必須工作，若無工作，依賴收入生活的人將失去政治權。財產（所有物、權）被視為社會的一種功能，政府有權取用。麥塔克薩斯發表宣言告知人民，希臘是反共產、反議會政體的極權政府。

　　第二次世界大戰前，麥塔克薩斯的法西斯理念，與德國納粹和義大利法西斯主義一致，但來自國王喬治二世與英國經濟支援的壓力，使麥塔克薩斯無法與軸心國同盟。此外，大戰爆發前夕，義大利的威脅遽增，加上希特勒要求國王喬治二世退位，使麥塔克薩斯不得不選擇與英國同一陣線，與英國共同簽署對軸心國攻擊的預警聲明，成為同盟國的一員。

第六節　對外關係

一、希土關係

　　1922 年之後的移民的安置問題成為當務之急，它同時是內政與國際問題，短短幾個月中，希臘不僅面對軍事失敗、國內政治革命，還必須應付國際上少有的大規模移民，希臘領土並未增加，人口卻突然淨增約百分之二十。

　　維尼齊羅斯為了逐步安置難民，於 1928 至 1932 年間與土耳其和解，這也成為他主要的政績。談判始於 1929 年，最初由於顧慮兩國海軍力量的比例而一度觸礁，維尼齊羅斯建議議會僅製造輕型船艦，避開此一困擾，1930 年 6 月 10 日的協定確立人口交換問題，當他訪問安卡拉，並於 1930 年 10 月 30 日簽訂中立、調解和仲裁條約，以及海軍軍備議定書、貿易協定等。希臘人自此嘗試不再將土耳其視為敵人，逐漸放下過去的心態，兩國間的關係持續得到改善，1932 年希臘支持土耳其加入國際聯盟，兩國更在 1933 年 9 月 14 日簽訂協商保證邊界的十年協定。1936 年 7 月 20 日簽訂的《蒙特勒條約》(Montreux Convention) 使土耳其完全收復海峽的戰略控制權，希臘則意外地獲得在利姆諾斯島與薩莫色雷斯島設防的權利，希臘人對此一安排毫無異議。

二、希臘與巴爾幹國家的關係

1928 年 3 月 21 日希臘與羅馬尼亞簽訂第一個巴爾幹協定，維尼齊羅斯宣布卡尼索斯問題已不復存在，同年 11 月又與阿爾巴尼亞簽訂協定，義大利不願法國和南斯拉夫的勢力進入，急於將巴爾幹協定置於義大利的保護之下，因此早於 1926 和 1927 年，連續簽訂的條約使阿爾巴尼亞成為義大利的勢力範圍。由於害怕在巴爾幹半島被孤立，南斯拉夫不得不批准 1925 年義大利簽訂的協定，1926 年南斯拉夫要求使用薩羅尼加港口和鐵路的權力，希臘拒絕，進行談判，1929 年 3 月 27 日才與希臘就兩國間未決的分歧簽訂協議。此外，南斯拉夫與羅馬尼亞早有連繫，也於 1925 年與土耳其簽訂協定，因此，保加利亞與土耳其在 1929 年簽訂的條約、保加利亞與南斯拉夫就邊界問題所簽的專門協定，連結了整個巴爾幹國家的條約，希臘與土耳其和解使之更加緊密。但巴爾幹半島國家中保加利亞的要求尚未得到滿足，與希臘的關係依然不友好，和南斯拉夫間也沒有一般性條約，希臘、保加利亞與南斯拉夫三國間的歧異不易解決，彼此猜忌。除此之外，大環境似乎有利於產生一個巴爾幹協約，甚至是巴爾幹聯邦公約，由於彼此共同的經濟問題，使它們逐漸具有同感。

儘管幾次巴爾幹會議所獲得的成就有限，各國依然保持信心，而希臘、土耳其、南斯拉夫和羅馬尼亞漸漸發覺，有必要抵制德國、義大利主導和約修改，因而於 1934 年 2 月 9 日共同簽訂了一項相互協商與保證維持邊界現狀的公約。雖然此公約並不包括保

加利亞，但在草約中說明：當巴爾幹半島上任何一個國家，與其他大國聯合侵略此公約的任何一個簽約國時，公約立刻生效。不過也有例外，土耳其不需與俄國交戰，希臘也不必和任何大國作戰，這項聲明使公約的效力大打折扣。很明顯地，土耳其因此害怕主張修改和約的保加利亞會與俄國聯合進攻羅馬尼亞，希臘人則擔心保加利亞可能聯合義大利進攻南斯拉夫。同年秋天，上述巴爾幹半島國家再度於安卡拉召開會議，制定了《巴爾幹協約國章程》。

　　1934 年的《巴爾幹公約》，相當程度上也反映出對義大利的不信任，次年 1 月的《法義協定》更加深這種感覺，希臘人在與阿比西尼亞的爭端裡始終敵視義大利。雖然 1936 年 7 月撤銷「制裁」時，義大利向巴爾幹半島國家保證不會進行報復，但是德國報紙卻發表德國與義大利在巴爾幹半島合作的討論，使各國懷疑義大利的保證。而麥塔克薩斯 (Ionnis Metaxas, 1871–1941) 將軍自 1936 年 4 月執政以來，一直被認為其立場親德國與義大利，但至少仍一心想減輕希臘對公約所承擔的義務，他相信，希臘應該同時顧慮到英國的海軍以及德國、義大利的陸軍，如保加利亞完全依附德國的經濟優勢並不符合希臘的國家利益。另一方面，他認為在巴爾幹半島的政治結構中，即使與保加利亞交戰將得不到外援，未免與軸心國發展衝突，他寧冒被孤立的風險而不願獲得一紙安全公約。由於麥塔克薩斯相信希臘的利益在地中海而非大陸上，因而極力與土耳其保持友好關係，更竭力避免冒犯任何一方。蒂土勒斯庫 (Nicolae Titulescu, 1882–1941) 於 1936 年 8 月下臺之

後，他所倡議的「集體安全」被棄置，羅馬尼亞也傾向孤立，錯過了巴爾幹半島國家聯合的最佳時機。

當南斯拉夫意識到小協約國與巴爾幹協約國的狀況不穩，開始轉向其他方面尋求保障，1937 年 1 月 24 日與保加利亞簽訂一紙語意含糊而且簡略的條約；同年 3 月 25 日與義大利簽訂政治與商業條約，它顯然在義大利境內獲得熱烈的反應，義大利只須重申它在阿爾巴尼亞的意圖，便能瓦解小協約國，根本不必付出任何代價，至於德國則為了討好義大利而暫時放鬆對南斯拉夫的經濟控制。希臘與羅馬尼亞對南斯拉夫的新政策感到不安，決定盡力挽回，它們聯合南斯拉夫、土耳其以及保加利亞共同改善彼此的關係，1938 年 7 月 31 日簽訂《薩羅尼加公約》(*Salonika Agreement*)，表面上恢復並擴大了巴爾幹半島國家的聯合陣線，但實際上卻是不得不讓步的結果，1934 年希臘、羅馬尼亞、南斯拉夫與土耳其所簽的公約是為了滿足共同對付保加利亞的要求，如今只能接受種種條件，讓保加利亞參加公約，顯示軸心國和約修正派占上風，四國陣地的實力則大不如前。換來的只是一紙空言，保加利亞依然不打算實踐它不會以武力變更國界的承諾，甚至不顧 1919 年《納伊條約》的軍事束縛，合理化軍備重整的行動。不久之後，巴爾幹半島國家都競相以武力改變各自的邊界。

第七節　近代希臘文學

希臘的學術傳統因伊斯坦堡而轉移至義大利半島的佛羅倫

斯、羅馬與威尼斯，但是西元十七世紀時，克里特島出現一種通俗文學，填補了文學發展的空缺。克里特島於第四次十字軍東征時被威尼斯占領，這股創作風潮便是源於希臘－威尼斯文化，作品氣質清新，仿傚義大利的形式，極富生命力與色彩，儘管並非傳承自古希臘文學傳統，但無論在感情上或性格上仍然是純粹的希臘文學。例如宗教劇《亞伯拉罕的犧牲》(*The Sacrifice of Abraham*)、有「伊麗莎白時代愛與血的悲劇」之稱的《厄洛菲勒》(*Erofili*)、後期口語喜劇《吉帕里斯》，以及希臘人直到現在仍普遍喜愛閱讀的浪漫詩《厄洛托克里斯托》(*Erotokritos*)，皆是以通俗希臘語寫成，在一般大眾間廣為流傳，具有明顯突出的克里特風格。

1669 年，鄂圖曼土耳其占領克里特島結束了這個時期，所幸愛奧尼亞群島繼之而起，在動盪的時代裡發出令人驚豔的光彩。愛奧尼亞詩歌流派的翹楚是狄奧尼西奧斯‧索洛莫斯 (Dionysios Solomos, 1798–1857)，他雖然出生於贊提，一生中大部分時間卻是在科孚島度過，他是希臘王國第一位詩人，其作品清新自然，後代詩人多踩著他的腳步前進。他與華茲華斯 (William Wordsworth,

圖 59：《厄洛托克里斯托》插圖

1770–1850) 同樣認為最簡單的文字才能寫成最純粹的詩歌，因此其詩歌兼納了希臘民間詩歌豐富的傳統，以及克里特島優美詩歌的精準，將通俗語文提昇為簡單有力的工具，表達對自然、自由、真理、愛與死的感情，其作品《自由頌》(*Hymn to Liberty*) 的最初幾節甚至被譜成希臘國歌。同時期的愛奧尼亞群島還有兩位著名詩人，即安德列亞斯‧卡耳沃斯 (Andreas Kalvos, 1792–1869) 與亞里士多德‧瓦勞里蒂斯 (Aristotelis Valaoritis, 1824–1879)，前者以獨創的純正語言寫出美麗的抒情詩篇，後者是位浪漫詩人，他以英雄民歌為藍本，譜寫出愛國詩篇。

有一派詩人長期在雅典文壇具有影響力，他們依照古典希臘語的習慣排除所有非希臘語的詞彙，以純正的希臘語創作，但受到法國浪漫主義影響，逐漸顯現疲態。因此十九世紀八十年代出現改變的呼聲，約翰‧普西卡里斯 (Ioannis Psycharis, 1854–1929) 出版《我的旅程》(*My Voyage*) 主張以「德馬提克」(demotic) 作為國語，這是一種依口語習慣、靈活採用外來語並且簡化詞尾變化的近代希臘語，他還主張以之作為文學與學術的語言，因而引發針對語言問題的激烈討論，學者們強烈反對，但文學家則表示歡迎。由於重新評估希臘語，掀起一股追尋民間傳說與民間詩歌的風潮，人們普遍同意有重新評估希臘語的必要。在此思潮動盪的時期興起了一個新的詩歌運動，致力將希臘近代文學與傳統結合，中心人物帕拉馬斯 (Kostis Palamas, 1859–1943) 和一些青年詩人和作家都與當代歐洲文學界有密切連繫，詩歌領域因而出現一股富創造性的氣魄，如高蹈派、象徵主義、超現實主義等都表現

突出。帕拉馬斯對希臘詩歌的影響歷時超過五十年，其詩歌與散文作品數量驚人；西克利阿諾斯 (Angelos Sikelianos, 1884–1951) 為希臘詩歌增加新風格，其靈感來源於古典傳統與基督教傳統；二十世紀第三位大詩人塞弗里斯 (Giorgos Seferis, 1900–1971)，三十一歲時發表第一篇詩歌，他吸收希臘傳統但以現代象徵主義表達出新的感受，無論是破碎的古雕像、奧德賽或是皮洛斯海灣的船隻殘骸，都在他簡練的語句中散發一種迷人的真實感，並在 1963 年獲得諾貝爾文學獎；卡瓦菲 (Constantine P. Cavafy, 1863–1933) 則是另一個獨特的詩人，一生並未加入希臘大陸的文學運動，其詩作中對於短暫青春與歡樂的主題往往具有細膩的美感與憂鬱氣息，他也頗擅長以古諷今，但卻不失幽默，一針見血，甚或帶有傷感。

許多短篇與長篇小說家的作品充實了近代希臘的散文發展，例如羅伊迪斯 (Emmanuel Rhoides, 1835–1904)、克塞諾波羅斯 (Gregorios Xenopoulous, 1862–1951)、卡贊扎基斯 (Nikos Kazantzakis, 1883–1957) 等人的作品都被譯成各國文字在歐洲流通。總體而言，散文創作的水準依然不及詩歌。

第十章 | *Chapter 10*

現代希臘

第一節　希臘與法西斯國家的關係

　　1939 年 4 月墨索里尼攻占阿爾巴尼亞後，歐洲的危機便在巴爾幹半島蔓延。1936 年的《蒙特勒條約》雖然使希臘與土耳其的關係穩定，但加深了義大利與保加利亞覬覦希臘北部的威脅，麥塔克薩斯雖已儘可能加強軍力，表現不參戰的態度，甚至當 1940 年 8 月 15 日希臘的巡洋艦在提諾斯港被義大利的潛水艇以魚雷攻擊時，放棄控告義大利，但仍無法阻止墨索里尼於 10 月 28 日發出最後通牒，攻占阿爾巴尼亞。致使希臘正式加入第二次世界大戰。

　　希臘人深切體認到自己的安全無法仰賴外國力量，儘管第二次世界大戰爆發時，麥塔克薩斯的政府於 1939 年 9 月重申希臘保持中立，輿論則傾向於英、法，但是當 1940 年法國淪陷，墨索里尼宣布加入希特勒的軸心國之後，希臘人民展現出的態度令各

國觀察家既佩服又感動，他們從容不迫地沉著備戰，希臘開始動員部分成年男子，同年 6 月 4 日麥塔克薩斯發表談話警告希臘人民危險將至。義大利政府向麥塔克薩斯抱怨，抗議希臘容忍英國破壞其中立，希臘人卻認為不明國籍飛機襲擊希臘海上船隻等事件是義大利的挑釁行為，因此麥塔克薩斯於同年 8 月 5 日再次重申希臘的中立態度，墨索里尼也照舊表示友好。同年 8 月 15 日，希臘輕型巡洋艦「希臘號」被潛水艇擊沉，同一時間，墨索里尼藉口一名阿爾巴尼亞匪徒在邊界的一場爭執中被殺，要求希臘官方負責。

麥塔克薩斯同年 9 月毅然決定全國動員，但是保持形式上的中立，也未中止與德國進行的貿易談判，僅私下要求希特勒約束義大利，但是 10 月希特勒與墨索里尼會晤後，局勢急轉直下。墨索里尼為了在國內製造輿論，譴責希臘軍隊侵犯阿爾巴尼亞邊界，並發出了最後通牒，遭麥塔克薩斯拒絕，而當時義大利軍隊已經越過阿爾巴尼亞邊界。希臘輿論熱切地歡迎這項宣戰，甚至帶著欣慰的心情參戰，於是希臘便在這場戰爭顯得最無望的時刻加入英國一方。

儘管援助非常有限，英國仍然設法派出軍事代表團以及五百萬的借款，提供海上支援，但希臘人最感激的是協助阿爾巴尼亞前線少量的皇家空軍飛機。麥塔克薩斯親自擔任總司令，亞歷山大・帕帕戈斯 (Alexandros Papagos, 1883–1955) 任陸軍參謀長，指揮希臘軍隊擊退來犯的義大利軍隊，並越過邊界占領阿爾巴尼亞南部的主要城鎮，這個始終被希臘人視為領土的地區，但是他們

並未占領阿爾巴尼亞南部的主要港口瓦洛納 ， 麥塔克薩斯又於
1941 年去世，希臘的命運落入一些優柔寡斷之人手中，戰事逐漸
對希臘人不利。

　　希特勒早已有進攻蘇聯的計畫，為了保證南翼的安全，勢必
要先解救墨索里尼。1941 年德軍取道匈牙利、羅馬尼亞和保加利
亞，這些國家認為它們即使不屈服於希特勒，將來也必須向史達
林投降，除了南斯拉夫堅持了一段時間，其他國家皆束手就擒。
英國洞悉希特勒意圖之後，便極力遊說希臘政府允許英國遠征軍
在其境內登陸。同年 3 月德國駐雅典公使館所有官員親眼見到英
軍到達比雷埃夫斯港，當時德國在形式上依然對希臘維持中立。

　　由於希臘與英軍之間的誤會而錯失在希臘布置防線的機會，
英國原以為雙方已經議定，由帕帕戈斯將軍將位在希臘北部及東
北部的前進部隊，調兵至薩羅尼加西南方，與英國的遠征軍組成
一道共同防線；帕帕戈斯將軍卻以為雙方同意，由英國先確定南
斯拉夫政府的意向，才由他撤回所率的前進部隊。他認為若能由
南斯拉夫擋住德軍的進攻，便可以守住薩羅尼加，甚至消滅阿爾
巴尼亞境內的義大利軍隊，因此浪費時間在等待英國軍事代表團
的有關報告，來不及做有效部署便慌忙撤退，結果精銳部隊盡失，
阿利阿克蒙河防線的防禦力量過於薄弱，巴爾幹防線在短短數天
內崩潰。軸心國猛烈的攻擊很快占領了希臘所有的領土，喬治二
世倉皇逃至埃及，成為流亡政府。

圖 60：保加利亞軍隊進入希臘東北部

第二節　敵國占領時期

　　德軍在 1941 年 6 月 1 日完全占領希臘，但是有效控制地區卻很有限，他們任由保加利亞占領希臘東北部，義大利人進入了雅典，但交通要道則由德軍親自控制，因為不久之後將要襲擊北非。由於希臘多山，交通不便，德軍大多任由當地居民挨餓受困，但也同時為游擊隊提供生存的空間，他們大多由殘餘的陸軍與山區不法之徒組成。

　　敵人占領期間為 1941 年至 1944 年，克里特等島嶼甚至到 1945 年，希臘被迫分裂為兩個部分，本土的占領區設有敵偽政權，更迭無常，百姓常常因生活困苦鋌而走險，反抗運動的力量持續壯大；喬治二世領導的政府在海外依然為盟國承認，就時間上而言有埃及時期與倫敦時期，它仍然管理希臘臣民，以及布防在中東的武裝部隊。淪陷區與外界的連繫有限，因此許多希臘人設法

經土耳其逃出，或透過地下無線電臺向外披露希臘的情況。

　　由於連繫不便，希臘流亡政府又視之為宣傳，造成彼此間的鴻溝逐漸加深，淪陷區興起一股反君主主義的力量，主要勢力為共產黨人與維尼齊羅斯派，他們都反對國王於戰後復位。德軍占領希臘之後釋放了共產黨的領袖，他們便轉入地下，組織抵抗運動，尤其是當 1941 年德國進攻蘇聯之後。至於維尼齊羅斯派多為去職的軍官，雖然受到麥塔克薩斯專政的影響而失去舞臺，活動並不積極，但由於他們傾向同盟國，反對君主政體，因此加入反抗運動後極為活躍。相反地，原本支持麥塔克薩斯的軍官與政客卻因戰事失利而失勢，有些人設法逃到國外，留在國內的多數人則抱持靜觀其變的態度。

　　希臘淪陷區有一種居主導地位的想法，除了推翻戰時的傀儡政權之外，希望戰後能除去所有舊社會與舊經濟秩序，但這並不一定代表大多數人的意見。流亡國外的希臘人依然認同舊秩序，他們並不認為國王於戰後復位有何問題。除了少數變節之人，無論是淪陷區或流亡國外的希臘人都站在同盟國一方。英國政府一方面支持喬治二世與其流亡政府，承認他代表希臘的合法政權，另一方面又需要淪陷區的抵抗運動牽制德軍，這種困窘的政策因美國參戰而更加難以運作，美國總統羅斯福 (Franklin D. Roosevelt, 1882–1945) 與英國首相邱吉爾 (Winston Churchill, 1874–1965) 都公開支持喬治二世，但美國政界卻支持抵抗運動反對君主政體的主張，但這些分歧都因為戰爭初期緊急應戰與求生存而暫時被掩蓋。

　　希臘在占領時期的經濟相當蕭條，一方面必須向占領者繳交鉅額的統治費用，另一方面，所有國際貿易皆已停擺，導致大量依靠進口糧食的希臘在 1941 年末發生饑荒，有三十萬人因此死亡，然而饑荒與占領亦促使希臘人民醞釀反抗運動。

　　抵抗運動的力量最初極為分散，雅典有組織因愛國、支持同盟國或基於理想主義而分頭破壞，為盟國提供情報，幫助戰俘逃脫。由於大學生是這些組織的主要成員，因而 1942 年也停辦了大學。不久，希臘共產黨發展成較大的組織，他們阻止德軍招募工人運往德國。山區首先出現的是由殘餘軍隊或土匪組成的組織，土匪在希臘歷史的各階段都極活躍，1942 年他們被一些較大的組織吸納，因而規模擴大不少，人民解放軍 (ELAS) 由國家自由陣線 (EAM) 領導，國家自由陣線儘管名義上是各黨派的聯合組織，實際上卻是共產黨所設立的組織；另外亦有希臘共和國民軍 (EDES) 等其他組織。 1942 年 11 月這些組織獲得一次重大的勝利，他們破壞戈戈波塔摩斯的鐵路橋樑，還與英國傘兵部隊取得連繫，這支傘兵部隊後來成為專責與希臘游擊連繫的英國軍事代表團。

　　占領時期的希臘逐漸擴大反抗運動，除了雅典與薩羅尼加之間的幾個城市，其他地區皆受到游擊隊員的控制，敵軍師營在駐紮地動彈不得，希臘游擊隊員從事破壞活動進而攻擊運輸糧食與軍需品的巴爾幹道路。在德軍的報告裡亦記載：「1943 年 7 月，百分之九十的希臘人敵視軸心國勢力，並準備公開革命，而國家自由陣線是希臘反抗運動的核心，大部分的反抗軍皆受其指揮，

圖 61：位於埃及的希臘空軍

是威脅占領區最大的勢力。」

　　喬治二世與流亡政府於 1941 年至 1944 年亦有零星的活動，盟軍位於中東的希臘軍也聽其指揮。但流亡政府在本土已不具任何威信，1942 年 2 月，在英國的壓力下，希臘的喬治二世宣布獨裁政權結束。

　　1943 年希臘境內國家自由陣線與希臘共和國民軍、社會國家自由運動之間愈發緊張，國家自由陣線的領袖澤瓦斯 (Napoleon Zervas, 1891–1957) 甚至與德軍控制的傀儡政府合作抵抗國家自由陣線，阻擋共產黨勢力深入首都，以維持勢力均衡。而山區的抵抗運動領袖之間也經常發生爭執。

　　英國此時的地位相當敏感，一方面，因為需要希臘掌控東馬其頓，而不願意放棄希臘，而另一方面戰爭仍舊持續，巴爾幹半

島人民策略性的反抗相當重要，故在戰爭結束前，與國家自由陣線的直接抗爭便無法避免。當德國人離開時，國家自由陣線控制了整個希臘，包括雅典。不論共產黨是否取得政權，此時英軍的立場相當薄弱，邱吉爾雖然放棄在巴爾幹半島的大規模軍事干涉，但他在回憶錄中寫道：「德國人離開希臘後，將派遣五千名英軍與裝甲車、機槍手，由駐在埃及的希臘軍陪同下，共同支持希臘的合法政府……」。英國此時的政策反映出政治與軍事考量的矛盾，因為長期以來中東參謀長所執行的政策與外交部即有不同。

　　盟軍於 1943 年中肅清北非的敵軍之後，準備向南歐反攻，希臘的局勢因而緊張。大多數希臘人推測盟軍將由希臘反攻，盟國的準備程序亦證實了這項猜測，勸導游擊隊領袖停止內訌，統一武裝組織，並要求他們破壞德軍在希臘境內全部的交通，使盟軍登陸時轉移德軍的注意力。英國因此答應提供必要的物質供應，所有領袖則必須共組希臘國民游擊隊。一切都依照計畫行事，不僅德國人，連希臘人包括共產黨人皆被矇在鼓裡，最後盟軍由義大利而非希臘反攻，不過希臘共產黨竟然預估德軍將在 1943 年底以前撤離，因此完全按照估計行動，共產黨希望在敵軍退出希臘的同時能消滅所有反對派。墨索里尼政權垮臺之後，共產黨藉機搶得義大利的武器，加強武裝力量，除了澤瓦斯之外，其他的游擊力量皆被消滅。

　　由於英國的壓力，喬治二世曾試著接受溫和派反抗領袖所提出的要求，答應一旦收復希臘便成立有充分代表性的政府，並選舉制憲議會。但是情勢的發展卻出乎意料，1944 年初，反君主主

義的思想蔓延到駐埃及的希臘武裝部隊，最後依賴英軍及一些可靠的希臘軍隊將兵變鎮壓下去。甫上任的首相喬治‧巴本德里歐 (Georgios Papandreou, 1888–1968) 決定成立一個包括反抗領袖的全國統一政府，此時，共產黨已經在山區組織民族解放政治委員會 (PEEA) 作為臨時政府，但是他們依然派代表參加會議，同意參加巴本德里歐的全國統一政府，不過民族解放政治委員會卻遵照共產黨的指示，不承認代表們所做的決定。同時，人民解放軍想要清除澤爾瓦斯的一切努力都未成功，德軍的撤退則顯然較他們的預期晚了整整一年，因而他們決定加入巴本德里歐的政府，共產黨此時的決定是企圖由內部顛覆這個政府。德軍最後於 1944 年 10 月向北撤退，盟軍則接管了雅典與希臘大部分地區。

　　雖然邱吉爾資助非共產黨派的希臘游擊隊大量物資，但人民解放軍的策略仍有壓倒性優勢。1944 年社會國家自由運動已完全被消滅，共產勢力發展更加快速，英國為了不讓共產勢力在希臘坐大，便轉向舊勢力，迫使國王接受共和政體，並組流亡政府，但希臘境內的軍隊並未受到政府的管理與英國政權的操縱。大戰結束在即，希臘的狀況不利於英國，儘管作了努力，英國仍未實現目的，人民軍占領整個希臘，而非任何希臘軍隊勢力領軍。

　　1944 年 11 月的情勢又有變化，英國下令解散游擊隊，但是國家自由陣線拒絕執行，共產黨籍的內閣部長接著退出巴本德里歐的政府；同年 12 月共產黨的國家自由陣線、人民解放軍與希臘軍隊和英國在雅典發生武力衝突，美國駐雅典代表則奉命保持中立，激戰持續數星期之後，澤瓦斯的軍隊被逐出埃皮魯斯，共產

黨則除了雅典、薩羅尼加、帕特雷以及部分島嶼，幾乎占領整個希臘，英國不得不自義大利調集大量增援部隊，擊敗人民解放軍。

第三節　戰後的困難

德軍雖然已於 1944 年 10 月退出希臘大陸，但仍然占有克里特島以及其他島嶼，其中多德卡尼索斯甚至依舊屬於義大利，因此直到德國於 1945 年 5 月投降後，希臘才完全被收復。戰後前五年的困境並非由於戰爭以及被敵軍占領而造成，重建的問題有許多，而它們彼此之間又互相關聯影響。首先是經濟混亂，行政機構，特別是州級的行政組織已經完全瓦解，城鎮和鄉村遭到大規模破壞；饑荒、戰爭以及報復性的劫掠使得人口銳減；公路與鐵路交通停頓；船舶沉沒，港口無法使用；貨幣因失控的通貨膨脹而迅速貶值，貨幣制度大壞，過去賴以換取糧食的對外貿易如今已不存在，尤其是希臘菸草的最重要買主德國已不可能再進口。希臘必須仰賴英國、美國或是國際的援助。

第二是社會、政府與憲法的問題，大戰期間部分政府官員與武裝部隊被迫流亡海外，他們與淪陷區內的希臘人彼此對立的情況不易消除，淪陷區內曾經奮勇抗敵的希臘人同樣不能容忍那些投降的同胞，更不用說君主主義與共和主義之間的不同立場，以及共產黨一心坐大等等；議會民主一直尚未恢復，喬治二世國王個人的定位也尚未確定。最後是對外關係的調整，例如與英、法等盟國的關係、與新盟國美國的關係、與過去的敵國，尤其是德

國與義大利的新關係、與蘇聯以及共產集團國家，特別是北方三個鄰國阿爾巴尼亞、南斯拉夫、保加利亞的關係，還有希臘與地中海東部主要中立國家、新獨立國家的關係等等。

希臘郊區的人口比鄉村的人口還多樣化，戰前的社會經濟結構在占領期間並未被摧毀，只是暫時停止運作，在重獲自由與經濟生活快速正常化的期望下，即恢復因戰爭而消失的社會階層。

希臘並不像其他被占領國家一樣有一段重建的緩衝期，所有的問題都隨著政局發展而浮現，並且一觸即發。普拉斯提拉斯將軍被控於戰時曾有過妥協的心態，被迫辭職，由海軍上將沃耳加里斯 (Petros Voulgaris, 1883–1957) 繼任首相，組成非政治性政府，或者稱業務政府，閣員包括著名的經濟學家瓦爾瓦勒斯教授，他於 1945 年 6 月提出一項規模極大、但精細嚴密的經濟恢復計畫，可惜乏人問津。

通貨膨脹無法解決、歸降敵人的順民以及共產黨人等政治犯擠滿全國監獄、年底舉行自由選舉的保證即將跳票，種種無能使業務政府的威信逐漸降低。

沃耳加里斯下臺後，經歷了一段政治動盪期，新政府一再重組，無法穩定政局，新政府中多是一些中間派的年輕政客，有些甚至是出名的抵抗運動領袖，泰米斯托克利斯·索福利斯 (Themistoklis Sofoulis, 1860–1949) 之後再次出任首相，宣布西元 1946 年 3 月 31 日舉行大選，解決議會民主恢復的問題。英國、法國與美國政府都接受希臘依 《瓦爾基扎協定》 (*Treaty of Varkiza*) 所提出的邀請，組織代表團監督選舉，蘇聯政府則以此

舉將干涉希臘內政為由，拒絕了邀請。新政府還利用聯合國於
1946年1月舉行安理會第一次會議的機會，要求英國軍隊撤出希
臘，不過並未成功。

　　大選的投票率是 60%，康斯坦丁・特薩耳達里斯
(Konstantinos Tsaldaris, 1884–1970) 領導的人民黨獲得過半的支
持，盟國監察團報告選舉過程合法，共產黨卻宣稱其支持者並未
前往投票。同年4月18日特薩耳達里斯就任首相，他宣布舉行全
民公投決定君主政體未來的地位，但是議會卻對選舉方式產生激
烈的爭論，政府訴求的是喬治二世國王應否復位，反對派則認為
是希臘究竟應該實行君主制抑或共和制，結果政府依然堅持己見。
投票結果大多數希臘人贊成國王復位，因此9月28日喬治二世
回到希臘第二次復位，但是他面臨了事態急遽惡化的局勢。希臘
北部早已於5月發生戰事，並蔓延到伯羅奔尼撒半島，經濟情況
儘管有英國增加援助、美國答應借款，卻仍然每況愈下，通貨膨
脹繼續惡化、交通的修建與恢復工作停滯不前、糧食分配由於缺
乏配給制而發生嚴重弊端，希臘已經瀕臨內戰邊緣，除了共產黨
人之外，許多人對現狀不滿。

　　首相特薩耳達里斯於1946年12月向聯合國控訴南斯拉夫
企圖挑撥希臘內亂，因此聯合國同意派遣調查團到希臘。此時除
特薩耳達里斯辭職，由右翼政治家狄米特里奧斯・馬克西摩斯
(Dimitrios Maximos, 1873–1955) 繼任。除此之外，還有一件影響
深遠的事件，1947年3月12日美國總統宣布著名的杜魯門主義，
提供希臘與土耳其第一筆經濟援助四十萬美元，美國援助希臘的

第一次代表團於同年 7 月到達雅典。

　　喬治二世突然於 3 月去世，其弟保羅 (Paul, 1901–1964) 繼位，希臘此時已千瘡百孔，共產黨集團國家對聯合國首次調查團極為不滿，甚至在聯合國引發激烈的爭執，因為調查報告中毫不掩飾地支持希臘提出的指控，最後蘇聯在安理會中投下否決票，反對調查團繼續進行工作，不過聯合國秘書長依然裁定，繼

圖 62：希臘共產黨軍人

續設置聯合國巴爾幹問題特別委員會，因此希臘成為冷戰時期最大的焦點之一。

　　希臘北部的共產黨人分別在 1947 年 6 月與 12 月企圖占領阿爾巴尼亞邊界的科里察作為首都，準備建國，並要求國際承認。希臘內戰一旦爆發，共產主義集團國家必然支持北方的叛亂分子，政府原本預計在雅典還以顏色，給予有力的反擊，不過左翼的勢力頗為強大，而且輿論也一面倒地支持希臘共產黨。特薩耳達里斯與索福利斯於同年 8 月新組以各黨共處為基礎的聯合政府，維持了二年半，直到共產黨的叛亂被完全清剿為止。

　　希臘人在 1948 年似乎少有值得鼓舞的事，不過義大利在 11 月與希臘簽訂友好、貿易與航運條約，答應歸還多德卡尼索斯群

島，這是希臘與敵國所簽的第一個條約。同年夏天重新開放科林斯運河，曾經於 1942 年被游擊隊與英軍炸毀的戈戈波塔摩斯河鐵路高架橋也在此時修建完工，不過其他的基礎建設等工程卻因而延宕。雅典與薩羅尼加之間的公路雖然因美國的援助得以迅速地修建完成，於 1948 年通車，但是只容許武裝護送的軍事用途。同一時間卻有約七十萬的難民為了躲避北方的戰禍而逃離家園，流離失所，這個數字高達希臘總人口的百分之十。因此，希臘政府於同年 10 月底宣布戒嚴。

對於未來，大家都沒有把握，美國與聯合國的支持有如希臘在水上唯一的浮木。美國的幫助相當顯著，不但改善希臘的軍事裝備，還為希臘修建交通，尤其是與內陸連繫的公路，公路的狀況若能保持良好，將有助於平定叛亂，也能保衛人民的生命財產。聯合國大多數的會員國都堅定地支持希臘，譴責阿爾巴尼亞、南斯拉夫與保加利亞支持叛亂的行為。另外希臘政治與軍事領袖的更新，以及共產黨也更換領導人，都對時局的發展產生了一定的作用。

希臘政府的情勢顯然漸有起色，1949 年 1 月帕帕戈斯將軍被任命為新的總司令。真正令人耳目一新的是新任副首相亞歷山大‧狄俄墨德斯 (Alexandros Diomidis, 1875–1950)，他在索福利斯重組的聯合政府中極為勝任。叛軍方面，馬爾科斯自從被撤銷共產黨領導職務之後便銷聲匿跡，由軍事委員會的負責人尼科斯‧扎卡里阿迪斯和帕察耳迪斯總理接手，這次的人員變動很可能與共產主義陣營的分裂有關，共產主義的路線之爭導致動盪，使狄

托與史達林產生齟齬，南斯拉夫於西元 1949 年夏天被逐出共產黨情報局，立即封鎖與希臘接壤的邊界，導致希臘共產黨的敗亡。

由於叛亂最重要的幫助來自於北方的共產黨國家，因此南斯拉夫此舉等於斷了希臘共產黨叛亂分子的後路。1949 年初肅清伯羅奔尼撒的叛亂，並將雅典大多數共產黨幹部逮捕入獄，展開北部的掃蕩，十萬名難民得以返回家園。狄托封鎖南斯拉夫與希臘的邊界之後，希臘政府於 8 月發動決戰，希臘共產黨雖獲得阿爾巴尼亞的軍火援助，但是不能自由進出南斯拉夫顯然是他們的致命打擊，同年 9 月 6 日希臘政府宣布內戰實際上完全結束，希臘共產黨的電臺也宣布暫停敵對狀態。索福利斯於同年 6 月去世，由繼任首相的狄俄墨德斯宣布勝利，並提出解決建設問題的對策。

狄俄墨德斯所面對的依舊是重重困難，他也無力解決，通貨膨脹如猛虎出閘難以攔阻、物價直往上飆漲、貿易嚴重逆差、勞資爭端日漸增多，連公務人員也無法忍受生活費用上漲。狄俄墨德斯辭職後，結束了自由黨與人民黨合作的嘗試，政府準備同年 3 月的改選。國內的情勢中只有治安漸上軌道，複查所有被軍事法庭以叛國罪判處死刑的案件，也在大選之前取消戒嚴令。英國在此時撤銷部分駐希臘的代表團，希臘也展開與南斯拉夫談判，恢復兩國間的交通，代表著希臘歷史跨入另一個新的階段，1950 年 3 月的普選則標示一個時代的結束， 大選產生了一個新的政黨，由普拉斯提拉斯將軍與特索德洛斯領導的全國進步中派聯盟 (EPEK)，它的出現，打破了過去人民黨與自由黨的輪流執政。

普選結果是三黨不過半，如果沒有另外一個黨的支持便無法

組成政府,聯合政府在一再重組的情形下終於在 1951 年夏末壽終正寢。同時特索德洛斯的退出,使進步中派聯盟瓦解,議會也在此時解散,以便少數幾個較大的政黨參加新的選舉。

第四節　建設的開端

1951 年的大選儘管依舊沒有產生決定性的結果,希臘的建設卻是由此展開,新制度採定額比例代表權,希臘人民聯盟獲得百分之三十六的選票,二百五十席中占一百一十四席;共產黨人經過偽裝之後,以統一民主左翼黨 (EDA) 的身分出現,在議會中也占了十席,由於各政黨都不是絕對多數,只好由普拉斯提拉斯出面與自由黨共組聯合政府,換湯不換藥。帕帕戈斯則公開贊成新政府的外交政策,但是反對其國內政策,新政府在外交上傾向北大西洋公約組織,並支持聯合國,推出一項廣泛的綏靖法案,消除內戰的惡果。

雖然新政府獨特的政治制度並不被各方所看好,執政的一年中卻發生了許多引人注目的重大事件,1951 年 10 月希臘成為北大西洋公約組織的成員,同年 12 月進入聯合國安理會;西元 1952 年公布的新憲法有重大的革新,即禁止公務人員罷工;與義大利、土耳其及南斯拉夫發展友好關係,南斯拉夫為了示好,甚至送還內戰時擄走的希臘兒童。希臘也愈來愈重視中東事務,尤其是與埃及之間的關係。

新的普選結果出爐,希臘政局在 10 月產生極大的變化,帕帕

戈斯元帥在選舉中獲得壓倒性的支
持。美國政府強烈支持多議制的選舉
方式 ， 以致於議會席位增加至三百
席，其中希臘人民聯盟獲得二百三十
九席的絕對多數，其餘六十一席則由
進步中派聯盟與自由黨瓜分，共產黨
背後支持的統一民主左翼黨未獲得
任何一席，希臘現代史上最長的一段
穩定期由此展開。

圖 63：亞歷山大‧帕帕戈斯

帕帕戈斯任命皮洛斯‧馬克齊
尼斯 (Spyros Markezinis, 1909–2000)
為協調大臣，他公布一項經濟計畫，並於 1953 年 4 月訪問美國尋
求援助改善國內的農業，發展電力與工業，他更大量裁減公務員，
同年 4 月希臘幣德拉克馬貶值，1954 年制定新匯率為三十德拉克
馬兌換一美元，同年 8 月時提出戰後第一次有盈餘的財政預算。
儘管美援的數量始終很大，希臘一時之間還不能缺少美援，不過
經濟情況倒是有顯著的改善。帕帕戈斯強勢的作風普遍受到希臘
人支持，同年 8 月愛奧尼亞群島發生災情慘重的大地震，所幸恢
復工作大致順利進行，不過，1955 年 4 月馬克齊尼斯的辭職，還
是說明了經濟恢復工作滯礙難行之處。

帕帕戈斯於 1955 年 10 月去世，對外關係方面在他任內有極
重要的進展，希臘改善並開拓了國際關係，唯一的例外是長期以
來爭論的塞浦路斯問題。由於對外關係的改善，直接影響到希臘

與北方鄰國的關係，與保加利亞之間關係的改善，不但解決邊界問題，也交換了戰俘，可惜尚未全面恢復外交關係，保加利亞仍未同意支付第二次世界大戰的戰敗賠款。1955 年也與阿爾巴尼亞恢復部分關係。過去以蘇聯馬首是瞻的其他共產黨集團國家，似乎受到反史達林之後西方解凍的影響，紛紛向希臘表示友好，包括希臘內戰時期被強行帶走的希臘青年，已經陸續由匈牙利、羅馬尼亞和捷克斯洛伐克遣送回國；希臘政府也於 1954 年與捷克斯洛伐克、羅馬尼亞以及蘇聯簽訂貿易協定，同年又與西班牙、以色列以及德意志聯邦共和國簽訂貿易協定，這些行動都代表希臘國際關係的擴大。

與上述作為相較，帕帕戈斯推動與土耳其以及南斯拉夫的巴爾幹同盟，顯得更難能可貴，1953 年舉行參謀長會談，促成這三個巴爾幹半島的鄰國在安卡拉簽訂一項防禦條約，受到希臘的西方盟國大力支持，因此希臘政府更加緊腳步推動準備工作，南斯拉夫的狄托 (Josip Tito, 1892–1980) 元帥於 1954 年 6 月應邀訪問雅典，直接影響希臘與南斯拉夫兩國恢復傳統的友好關係，於是希臘、土耳其與南斯拉夫於同年 8 月 9 日正式簽訂了同盟條約。

條約模仿北大西洋公約的形式，條款中不僅包括由三國共同成立聯合參謀部，並且含有非軍事合作與一些共同的政治組織等規定，1955 年 2 月在安卡拉舉行常設理事會的第一次會議，並於兩個月後在貝爾格勒舉行聯合參謀部會議，不過種種設計並不能發揮實際的效用，由於同盟成立的原因為防禦蘇聯侵略巴爾幹半島，當非史達林化的政策出現，而且狄托與赫魯雪夫 (Nikita

Khrushchev, 1894–1971) 表面上已恢復友好之後，巴爾幹半島就不再有立即的危險，另一個決定性的原因是塞浦路斯問題，希臘與土耳其為此爭端導致雙方關係於 1954 年之後急速惡化。

第五節　塞浦路斯爭端

希臘人一直希望英國歸還塞浦路斯，自 1878 年英國占領塞浦路斯之後，與希臘合併的呼聲便不曾停止，並且得到希臘大陸的回應，1950 年塞浦路斯曾經舉行一次非官方性質的公民投票，由當地大主教指使教會推動，絕大多數贊成與希臘合併。

塞浦路斯代表團前往聯合國報告公民投票結果，途中訪問雅典，當時希臘政府一方面表示希望英國回應塞浦路斯人民的期望，另一方面保證將選擇適當時機，並且在不破壞與英國間傳統友誼的情況下處理此一問題，之後希臘政府不斷在許多重要場合中重申這個立場，最後帕帕戈斯在 1954 年 3 月 18 日更正式發表聲明。當馬卡里奧斯大主教 (Makarios III, 1913–1977) 以和平的方式積極地推動合併時，喬治‧格里瓦斯 (Georgios Grivas, 1897–1974) 上校則計畫以暴力來解決此一問題，格里瓦斯出生於塞浦路斯，第二次世界大戰德軍占領期間雖然地位不高，但是卻聲名狼藉。

帕帕戈斯面對著重重的壓力和英國政府的拒絕，使他在 1954 年 8 月向聯合國表示，希望由大會討論決定塞浦路斯的歸屬問題。格里瓦斯在 1955 年 4 月發動有組織的暴動，此時希臘經濟情

圖 64：馬卡里奧斯大主教向群眾演講

況惡化，人心浮動，由於美國在聯合國的投票中支持英國，使希臘人對兩國相當失望。希臘國內麻煩不斷，共產黨人再度活動，伏洛斯發生地震，格里瓦斯在塞浦路斯領導的叛亂得到希臘人普遍支持。希臘的外交政策此時明顯轉變為中立主義、反殖民主義，以至於傾向親蘇的政策，已經完全違反帕帕戈斯的本意。英國政府為了阻止這種趨勢，於同年 6 月邀請希臘與土耳其政府派代表出席倫敦的會議，會議中將塞浦路斯問題列入議程，並且討論東地中海的問題。

　　會議結果僅是雙方各自堅持立場，希臘主張任何解決塞浦路斯問題的方案都必須以合併為前提，土耳其則不接受任何可能將塞浦路斯與希臘合併的解決辦法，雙方僵持不下，毫無進展，英國卻提出，只要希臘與土耳其談妥條件便讓塞浦路斯自治，不過

問主權。同年 9 月 6 日伊斯坦堡爆發嚴重的排希風潮，使得因塞浦路斯問題導致的僵局益形惡化，當 1960 年土耳其政府被推翻之後，土耳其人主動表示願意道歉，希臘人卻依然十分氣憤，他們停止參加同盟國間的一些活動，包括北大西洋公約組織在地中海東部的演習。聯合國於同年 9 月拒絕將塞浦路斯問題列入即將召開的大會議程中，使得局勢每況愈下，同年 10 月 4 日希臘首相帕帕戈斯便去世了。

　　繼任首相一職呼聲最高的是外交大臣斯蒂凡諾斯·斯蒂凡諾波洛斯 (Stefanos Stefanopoulos, 1898–1982)，但是國王最後選擇交通與公共工程大臣康斯坦丁·卡拉曼利斯 (Konstantinos Karamanlis, 1907–1998)，他在帕帕戈斯的政府中並不突出，但他是帕帕戈斯忠實的追隨者，繼任之後繼續推行其政策，並且致力恢復對時局的控制。他與英國政府舉行數次秘密會談，並在第一時間通知土耳其，因而緩和不少緊張情勢。

　　1956 年 1 月希臘議會解散，舉行普選，卡拉曼利斯另外成立國民激進聯盟 (ERE) 以取代帕帕戈斯的希臘人民聯盟，由於新的選舉方式對大黨較有利，小黨幾乎毫無生存空間，因此所有的反對黨包括人民黨與地下共產黨共組一個競選策略聯盟，它們囊括幾乎百分之五十的選票，但是在席位方面卻僅僅獲得一百四十五席，其餘一百五十五席皆歸國民激進聯盟，國民激進聯盟地位並不穩固，是微弱的多數。不過這次大選有一項突破是婦女參與投票，新政府中也首次有女性任職。

　　政局的變化並未使塞浦路斯問題得到解決，主要有兩個原因，

其一是英國欲使希臘人深信它打算在塞浦路斯實行鎮壓,所以派遣陸軍元帥擔任總督,其二則是格里瓦斯的塞浦路斯戰士全國組織開始蠢蠢欲動。

反對派在大選中提出中立主義,放棄西方同盟國的外交政策,但是卡拉曼利斯依然希望妥協和解,於同年 3 月間再次參加北大西洋公約組織的軍事演習,保羅國王也重申塞浦路斯併入希臘的期望,但他同時也相當惋惜希臘與同盟國關係的惡化。此時局勢更加惡化,塞浦路斯戰士全國組織的暴力行為原本是針對不支持合併運動的希臘人,而今卻逐漸演變成反對塞浦路斯島上的土耳其人與英國軍隊,導致英國與希臘之間的爭執,希臘與西方盟國漸行漸遠。

塞浦路斯戰士全國組織一度宣布休戰,塞浦路斯總督卻一廂情願地誤以為他們自願投降,導致 1956 年 8 月再度爆發戰爭。此時英、法兩國正在對埃及作戰,部分兵力由塞浦路斯支援,然而島上的情況依然在控制之下,只不過流血事件更為嚴重,而希臘人將所有希望都寄託在聯合國。

英國派遣拉德克利夫勳爵 (Cyril Radcliffe, 1899–1977) 到塞浦路斯準備制定新憲法,有可能透過憲法與希臘合併,但是 1956 年 12 月希臘政府未經考慮便拒絕,因為希臘的輿論普遍認為聯合國的壓力最終將為他們爭取到塞浦路斯。1957 年 2 月聯合國大會通過關於塞浦路斯問題的決議,強調以和平、民主、公正的態度解決,並且恢復談判以實現此一目的。希臘、土耳其與英國都一致同意這項決議,但是各自的解釋卻大不相同,希臘人認為談判

的雙方分別為英國與塞浦路斯人民，土耳其和英國則以為談判將由三國有關政府共同參與。

由於各方對談判的盤算不同，益發顯得談判的不可行性。北大西洋公約組織出面的斡旋也被希臘拒絕。希臘對所有的國際友邦皆保持一定的距離，1956 年希臘與羅馬尼亞恢復邦交，但是拒絕羅馬尼亞將巴爾幹公約組織範圍擴大，納入羅馬尼亞、保加利亞以及阿爾巴尼亞三國的提議，南斯拉夫原則上也同意這項提議，雖然雅典依然熱情招待南斯拉夫副總統卡德爾，但是在希臘眼中，《巴爾幹公約》已經被視為一紙虛文。

儘管希臘對土耳其的仇視並不因時間而消褪，但是為了顯示友好的態度，希臘將多德卡尼索斯群島中接近土耳其領土的勒羅斯島上防禦工事拆除。希臘對美國的態度則是愛恨交織，希臘人既期望美國的援助，在經濟與軍事上不得不依賴美國，但又因美國不支持合併而心中怨恨。另一方面，希臘政府推行的企業埃及化反而使在埃及的希臘僑民利益嚴重受損，希臘人終於認清應該深思與埃及間的友誼。

希臘為了充實友邦數目，以便在聯合國中形成達到大會三分之二的多數，陸續與各國建立外交關係，包括過去屬於西方盟國的殖民地國家。終於在 1957 年 9 月，將塞浦路斯的自決提案排入聯合國大會的議程。英國的執政黨工黨舉行大會，決議支持塞浦路斯的自決權不予分治，他們反對當時土耳其人與英國保守黨將塞浦路斯分治的解決辦法，這兩件事使希臘人充滿希望，可惜聯合國再次令他們失望。雖然希臘的提案在大會與政治委員會都被通過，

但是通過票數未達三分之二，因此無效，希臘人為報復美國再次投下反對票，炸毀部分美國設在雅典的機關。希臘國內的中立主義，甚至傾向與蘇聯共產黨集團國家合作的趨勢漸不可擋。

希臘在 1958 年進行不少外交出擊，收穫相當豐碩，不但與阿拉伯聯合大公國、南斯拉夫舉行貿易會談，還與蘇聯、波蘭、日本簽訂貿易協定，放寬了原本為討好美國，針對中共所規定的貿易限制，與阿爾巴尼亞簽訂協定掃除科孚海峽的水雷，與保加利亞簽訂解決兩國邊界問題的協定等。外交出訪方面則有國王夫婦訪問黎巴嫩，在布里俄尼舉行與埃及、南斯拉夫之間的三國外長會晤，西班牙外長與蘇丹副總統也在同年訪問雅典。相對地，希臘對英國政府則十分冷淡，英國外交大臣塞爾溫‧勞埃德 (Selwyn Lloyd, 1904–1978) 與休‧富特爵士 (Hugh Foot, 1907–1990) 於同年 2 月訪問雅典卻一無所獲，新任首相哈洛德‧麥克米倫 (Harold Macmillan, 1894–1986) 代表英國政府來希臘說明，由英、希、土三國共同管理塞浦路斯的新計畫也毫無進展。

1958 年 3 月卡拉曼利斯辭職，他似乎急於擺脫新聞界、反對派的輿論，甚至是同僚的極端情緒，以避免走上絕路，因而在同年 5 月 11 日舉行普選。他所受到的主要攻擊是有關塞浦路斯問題，批評者指責他的政策軟弱無力，並且聲稱他已經或準備同意讓美國在希臘境內設立導彈基地。由於希臘採取加強比例代表權的選舉制度，使他在議會的三百席中獲得一百七十三席，實力大為加強。卡拉曼利斯挾高度的民意為後盾，準備著手徹底解決塞浦路斯問題，他為了表示自己並非軟弱無能，不得不拒絕英國政

府所提的三國共管塞浦路斯計畫，但是英國政府不顧希臘反對，逕自宣布該計畫將於 1958 年 10 月 1 日起生效。

　　希臘外交大臣與土耳其外長於 1959 年 1 月在蘇黎世會晤，雙方就塞浦路斯問題擬定一項協定綱要，2 月時會談改在倫敦進行，參加者包括希臘首相、土耳其總理、塞浦路斯的馬卡里奧斯大主教以及土耳其僑民領袖庫楚克博士 (Fazıl Küçük, 1906–1984)，後二者後來分別成為首任正、副總統。與會人士很快便達成協議，於 1960 年 8 月成立新的塞浦路斯共和國，仍然為大英國協的一員。希臘議會於 1959 年 2 月 28 日經過激烈爭論之後才通過這項協定，包括格里瓦斯等人尖銳批評放棄合併的主張，格里瓦斯原本藏匿在塞浦路斯某地，此時在雅典露面被視為英雄般受到大眾歡迎，還榮獲許多高級勳章，並晉升為陸軍中將。當協定簽署之後，他嚴厲地抨擊政府與馬卡里奧斯大主教，指責他們事先未與他討論就簽訂《蘇黎世－倫敦協定》(London and Zürich Agreements)，甚至一再揚言將組織革命，不過此時希臘人沉浸在勝利的喜悅中，沒有人認真看待他的言論。儘管並非所有希臘人都對此結果感到高興，有些人依然抱持著合併塞浦路斯的終極目標，不過大多數希臘人的確因為結束了五年來的糾紛與暴亂而鬆了一口氣。

第六節　恢復正常

　　希臘與英國、美國、土耳其間的關係在 1959 年獲得改善，相

對地與蘇聯等共產黨集團國家以及中立國家的關係逐漸冷淡,這意味著希臘已經恢復正常。雖然希臘依舊保持與南斯拉夫間的友好關係,但是當狄托於 1959 年訪問羅德島時,他與卡拉曼利斯共同發表的公報卻有意忽略《巴爾幹公約》,不久,《巴爾幹公約》便於 1960 年 6 月被宣告中止。在這段期間,希臘的國民經濟顯著好轉,通貨膨脹已被控制,希臘人也對本國貨幣產生信心,甚至願意投資政府公債。希臘船主的經營方式也顯示另一個時代的來臨,他們多年來將自己的船掛上外國國旗,以外國籍的身分登記,便於逃避希臘的稅捐,如今他們改掛本國國旗,甚至將利潤投資於新興的工業,陸續建立造船廠、煉油廠、鋼鐵企業、煉鋁廠,顯示了經濟恢復的部分成果。旅遊業的規模逐漸擴大,希臘政府於 1959 年 1 月宣布一項五年發展計畫, 並在同時成立工業開發公司。

《蘇黎世一倫敦協定》的簽訂,立即改善盟國之間的關係,也明確反映出希臘人的殷切盼望。義大利總理、英國國防大臣、北大西洋公約組織秘書長與德國經濟部長都在 1959 年訪問雅典,英國皇家海軍和空軍也作了近年來首次的正式訪問,此外還有美國總統艾森豪 (Dwight Eisenhower, 1890–1969) 將軍的來訪,同年 12 月在雅典接受盛大的歡迎,不過此舉很可能是因為受到赫魯雪夫所發表的言論刺激,他於同一時間在布達佩斯訪問時熱情讚揚共產主義,使希臘因此更熱烈歡迎艾森豪將軍。希臘人一直恐懼共產主義將再度興起,因此當匈牙利人發行被囚禁中的希臘左派運動家格勒左斯 (Manolis Glezos, 1922–2020) 肖像的紀念郵票

時，希臘也報復性地發行死於獄中的匈牙利政治家伊姆雷‧納吉 (Imre Nagy, 1896–1958) 肖像的郵票，希臘與共產主義國家的關係可說已回復到最初的狀態。

1957 年《羅馬條約》(Tready of Rome) 成立歐洲經濟共同體，或稱歐洲共同市場，希臘積極地想加入，但是如此一來便暴露出自身經濟的弱點。希臘的國際支付長期逆差、財政預算虧損、防禦經費占所有預算的三分之一，這些不利的條件使希臘無法以國家的身分加入歐洲共同市場。更糟的是歐洲經濟合作組織在 1960 年發表一份報告，顯示希臘經濟恢復的進度逐漸落後，主要是因為希臘由西方國家進口的貨物不斷增加，希臘過剩的農產品卻無法銷往西方國家，例如菸草。希臘曾經嘗試鼓勵西方國家前來開發工業，德意志聯邦共和國便在 1960 年設立一間甜菜製糖廠，同年還重新舉辦薩羅尼加博覽會，有十九個國家參加，多少對希臘的對外貿易有所幫助。北大西洋公約組織的經濟調查團指出，希臘必須與東方集團國家進行貿易，它們是唯一會進口希臘過剩農產品的國家，因此經濟需要改變了希臘的外交政策，將它推向與既定政策與政治喜好相反的方向。

希臘與波蘭、捷克斯洛伐克於 1960 年簽訂新的貿易協定，並且完全恢復外交關係。至於歐洲經濟共同體的部分，在經歷漫長而波折的談判之後，終於確定希臘將成為聯繫國。儘管條件嚴苛，希臘並不後悔與西方盟國進一步的合作，一旦塞浦路斯問題解決，就再也無法動搖希臘對西方盟國的忠心。希臘政府甚至冒著得罪保加利亞與蘇聯的風險，於 1959 年與美國簽訂關於核武問題的

協定。

希臘人民以 1961 年舉行的第三次普選結果，充分表達他們對政府的擁護，卡拉曼利斯大獲全勝，得票率甚至較前次為高，約百分之五十，三百席議員中囊括了一百七十六席。共產黨人潛伏的左翼聯合陣線失去大量選票與席位，巴本德里歐、維尼齊羅斯 (Sofoklis Venizelos, 1894–1964) 與馬克齊尼斯領導的進步黨結成同盟，獲得三分之一以上的選票以及一百席議員。這個由 1955 年開始執政的首相，能夠擁有如此高度的支持，讓反對派難以抗衡，因而針對這次選舉出現許多激烈的指責，部分人宣稱選舉舞弊、作票，一百多位議員拒不出席議會 12 月的開議，以抗議此次選舉的不公，以及抗議新政府不合憲法，不過他們還是出席了 1962 年 1 月的正式會議。

雅典緊張的政局依舊不見舒緩，甚至在反對派陣營中也出現眾多彼此對立的觀點，中派聯盟在議會中拒絕接受以統一民主左翼黨為代表的極左派支持，即使中派聯盟內部也充滿矛盾，巴本德里歐與維尼齊羅斯在同年 7 月還信誓旦旦地公開強調彼此絕不會合作，過不多久便為了在大選中勝選而結合。國王於 9 月任命最高法院院長斯塔烏羅斯・馬夫羅米卡利斯 (Stylianos Mavromichalis, 1899–1981) 為首相，取代皮皮涅利斯 (Panagiotis Pipinelis, 1899–1970) 重組業務政府，人們普遍認為由著名的法官主持選務工作，將保證選舉的公正性，事實證明的確如此。

中派聯盟在此次大選中雖然頗有斬獲，但也並非絕對有利，因為得票率僅有百分之四十二，卡拉曼利斯所領導的國民激進聯

盟則獲得百分之三十九的選票，中派聯盟將僅能組成一個少數政府，或者是與其他政黨合作組成聯合政府。巴本德里歐在幾天後組織了一個少數政府，由維尼齊羅斯擔任副首相。巴本德里歐的少數政府在議會中獲得統一民主左翼聯盟支持，在信任投票中獲得通過，但是不願依靠共產黨人而辭職。國王於是召見卡涅羅波羅斯，不過他也無力另組新政府，因此議會再次解散。塞浦路斯則在這段期間發生嚴重的危機，由於占少數的土耳其人享有憲法的否決權，馬卡里奧斯大主教受到多次打擊之後，片面宣布將重新修改憲法，徹底獨立。

　　塞浦路斯爆發危機時雅典正處於政局不穩的狀況，因而在1964年為國際間帶來極其嚴重的後果，塞浦路斯島上的土耳其人與希臘人互相殘殺，早已司空見慣，漸漸地土耳其人寡不敵眾，被驅逐到島上的孤立地區，希臘人對他們採取包圍的作法。希臘、土耳其與英國依據1960年所簽的條約在島上駐軍，因此希臘與土耳其之間隨時有可能爆發戰爭，尤其是同年8月土耳其空軍襲擊希臘在塞浦路斯島上的陣地以及港口，馬卡里奧斯大主教又越來越獨裁，將少數的土耳其人視為叛亂分子，先後向英國軍隊和聯合國請求援助。格里瓦斯將軍則趁著形勢日益緊張，混亂中再度崛起，回到塞浦路斯率領希臘的武裝力量，馬卡里奧斯甚至向蘇聯與埃及政府提供少量的無償援助，包括美國政府在內的各方調停方案不斷提出，試圖尋找出一個透過談判的解決方法。

　　1964年的情況似乎倒退到最初的所謂正常狀態，局勢顯得十分令人洩氣，但是就在同一年卻也出現一連串始料未及的事件。

　　巴本德里歐所領導的中派聯盟在 1964 年 2 月的選舉中獲得過半的支持。希臘許多年來首度由一個統一的大黨透過選舉獲得決定性的勝選，繼承另一個統一而強大的執政黨，在歐洲國家中可說是除了英國以外唯一的例子。儘管巴本德里歐已經年高七十五歲，依然精神抖擻地上任，他採取兩面手法，一方面以息事寧人的態度面對土耳其與西方盟國，另一方面也頗重視希臘的輿論，解決了塞浦路斯的危機，他還得利於國際輿論的改變，最後國際間傾向以賠款給土耳其人為前提，將塞浦路斯與希臘合併，各國普遍認為這是最佳的解決方法，而非畏懼馬卡里奧斯與格里瓦斯的暴力行動。

　　希臘的政治舞臺也有重大的更迭，卡拉曼利斯旅居國外，維尼齊羅斯於 1964 年 2 月的選舉期間去世，保羅國王罹患癌症，親眼見到新政府就職之後也去世了，時年二十五歲的康士坦丁王子 (Constatine II, 1940–) 繼承王位，他的名字令所有希臘人想起過去的光榮歷史，康士坦丁二世即位的時機可說相當幸運。新國王年少英俊，曾在 1960 年的奧林匹克運動會得到金牌，並且即將與丹麥的安妮‧瑪麗公主 (Anne-Marie, 1946–) 結婚，國王夫婦正是詩人筆下的讚頌對象，不過新國王的政治判斷力尚未形成，況且他還有其他的不利條件。巴本德里歐在去職前與保羅國王幾乎重演當年維尼齊羅斯與康士坦丁國王爭吵的一幕，有人認為如今國王的年齡足以當首相的孫子，因此首相與國王之間的爭吵似乎得以避免，由於普選在保羅國王去世前不久，等同於新政府向新國王效忠的保證，除了統一民主左翼黨中的共產黨人之外，政府與反

圖 65：康士坦丁二世國王夫婦

對派皆擁護國王。儘管國際上因塞浦路斯而彌漫著緊張氣氛，新
國王的即位卻頗為順利，他發表即位演說時恰如其分地表示，《蘇
黎世－倫敦條約》絕對無法解決塞浦路斯問題，同年 9 月 18 日舉
行的婚禮也使他得到輿論的寵愛。1964 年底出現一種新的樂觀主
義氣氛，在這種主流思想中，認為塞浦路斯以某種方式合併是再
也不容遲疑的事，占有舉足輕重的地位。

第七節　上校政權──軍政府

一、四月政變

西元 1967～1974 年的希臘軍政府，通常被稱為上校政權。1967 年 4 月 21 日，一群上校發動政變，採行極右派的軍事統治。此政權被視為希臘國內左派與右派勢力在過去三十年政治鬥爭的結果，而這兩股勢力的對抗又可追溯至第二次世界大戰期間希臘為軸心國所占領的時期。

1944 年德軍撤離希臘後，共產主義勢力與返回希臘的流亡政府之間展開鬥爭，使希臘陷入內戰。英國首相邱吉爾為遏止蘇聯對巴爾幹地區的侵犯，便命令英國軍隊緊隨於德軍之後進入希臘，而美國同時也介入了這場內戰。

1947 年美國執行杜魯門主義，積極支持希臘、土耳其和伊朗等國，以確保這些國家不會受到蘇聯的控制。於是在美國和英國的援助下，希臘內戰在 1949 年以共產黨的失敗告終。希臘共產黨及其附屬組織遭到立法禁止，許多共產黨人逃離希臘或面臨迫害。美國中央情報局 (CIA) 和希臘軍方開始合作，尤其 1952 年希臘加入北大西洋公約組織（北約）後，兩國來往密切。著名的中央情報局官員阿伏拉科托斯 (Gustav Avrakotos) 和克雷爾 (Clair George) 皆與後來主導希臘政變的上校保持密切關係。

北約防禦線從伊朗東部邊界延伸至挪威最北端，希臘是其重

要的一環。為防備蘇聯的入侵與左派政變，新成立的希臘國家情報局 (EYP) 和山區突擊連隊 (LOK) 持續與美國情報單位保持密切聯繫。儘管有關美國政府支持政變的謠言一直存在，但沒有證據支持這種說法。

經過多年的保守統治後，1963 年中派聯盟的巴本德里歐當選首相。年輕且缺乏經驗的康斯坦丁二世為了在有限的憲法權力外，獲得更多對政府的控制權，頻頻與自由派改革者發生衝突。1965 年，國王免除了巴本德里歐的職位，導致憲政危機爆發。

康斯坦丁二世最後依靠持不同政見的中派聯盟與保守黨國會議員，任命了一個臨時政府，並訂於 1967 年 5 月 28 日重新舉行大選。許多跡象顯示，巴本德里歐的中派聯盟將成為國會最大黨，但無法組織一黨政府，因此將被迫與統一民主左翼 (EDA) 結盟。不過，保守派懷疑統一民主左翼和共產黨關係密切，這個懷疑成為後來政變爆發的導火線。

希臘史學家和記者對「上校政變」提出了一個假設──雖然該政變是以反對共產主義顛覆為號召，但實際上是由康斯坦丁二世下令進行的。在原定於 1967 年 5 月 28 日舉行的選舉之前，由於預期中派聯盟會勝選，一些保守的國民激進聯盟成員擔憂中派聯盟的一些左傾政策，將會造成體制危機。其中拉里斯 (Georgios Rallis) 便指出，如果出現這種「異常現象」，在君主立憲政體下，國王有權宣布戒嚴，而根據拉里斯的說法，康斯坦丁二世接受了這個說法。

美國外交官約翰·戴 (John Day) 則提到，華府也擔心巴本德

里歐之子安德烈亞斯‧巴本德里歐 (Andreas Papandreou) 將在下一屆政府中發揮非常重要的作用，因為他的父親年事已高。根據當時在雅典的美國外交官羅伯特‧基利 (Robert Keeley) 和約翰‧歐文斯 (John Owens) 的說法，康斯坦丁二世向美國駐希臘大使塔爾博特 (William Philips Talbot) 詢問美國的態度。對此，塔爾博特原則上做出了負面回應，然而他補充道，「美國無法預先決定對這種行動的反應，而是應取決於實際的情況。」康斯坦丁二世日後否認了這件事。根據塔爾博特的說法，康斯坦丁二世和軍隊將領會商，他們向康斯坦丁二世保證在選舉之前不會採取任何行動。然而，巴本德里歐的宣言讓這些將領們感到緊張，他們決定選舉結果出爐後再重新審視其決定。

1966 年，康斯坦丁二世派遣特使比西奧斯 (Dimitrios Bitsios) 前往巴黎，說服前首相卡拉曼利斯返回希臘，並恢復他之前的職位。卡拉曼利斯向比西奧斯表示，只有在國王實施戒嚴令的情況下，他才會返回雅典，這是憲法賦予國王的權力。《紐約時報》記者蘇爾茨伯格 (Cyrus Leo Sulzberger) 認為，卡拉曼利斯曾赴紐約與美國空軍將領諾斯塔德 (Lauris Norstad) 會面，希望他遊說美國保守派支持其成為希臘領導人。蘇爾茨伯格表示，諾斯塔德拒絕參與此類事務。

1997 年，已被廢黜的康斯坦丁二世再次提到蘇爾茨伯格對卡拉曼利斯的指控，卡拉曼利斯表示他「不會理會前國王的陳述，因為其內容和態度都不值得評論」。這番說法受到希臘左傾媒體的嚴厲批評，譴責卡拉曼利斯「無恥」。值得注意的是，當康斯坦丁

二世引用蘇爾茨伯格的話，以證實卡拉曼利斯發動政變的理論時，並未提及 1966 年卡拉曼利斯與比西奧斯會面一事，直到兩名當事人都去世後此事才被揭露。事實證明，憲政危機既不是來自政黨，也不是來自王宮，而是來自中階軍官的叛變。

1967 年 4 月 21 日，就在預計舉行選舉的前幾週，由帕塔科斯 (Stylianos Pattakos) 准將、帕帕多普洛斯 (Georgios Papadopoulos) 上校以及馬卡雷佐斯 (Nikolaos Makarezos) 領導的一群右派軍官，發動政變奪取政權。

政變者將裝甲車開進雅典的重要戰略據點，完全控制了首都。與此同時，根據事先準備的名單，派遣機動部隊逮捕政壇領袖、權威人士和涉嫌同情左派的普通公民。最先被捕的是希臘陸軍總司令斯潘迪達基斯 (Grigoris Spandidakis) 中將，帕帕多普洛斯上校說服斯潘迪達基斯加入他們的陣營。後來在阿斯蘭德 (Konstantinos Aslanidis) 中校的指揮下，軍隊接管了國防部，而帕塔科斯亦控制了通訊中心、議會、王宮，並逮捕一萬多人。

到凌晨時分，上校們掌握了整個希臘，政治領袖包括代理首相卡內洛普洛斯 (Panagiotis Kanellopoulos) 等人，皆遭到逮捕監禁。早上六點，帕帕多普洛斯宣布暫停行使憲法第十一條，意味著任何人隨時都可在沒有拘捕令的情況下被捕，並被帶到軍事法庭接受審判。當時的歐洲航空安全局局長拉達斯 (Ioannis Ladas) 在後來的一次採訪中回憶道：「只需二十分鐘，便可以逮捕任何政治人物、公民、被列入黑名單的無政府主義者……這是一個惡魔般的計畫。」

　　巴本德里歐在阿提加的別墅裡被捕。安德烈亞斯在同一時間也被逮捕，七名士兵手持步槍、刺刀和機槍闖入他家，安德烈亞斯原本逃至屋頂，但為了他十四歲兒子喬治 (George Papandreou) 的安全，只好選擇投降。與上校關係密切的美國中央情報局官員阿伏拉科托斯，建議他們除掉安德烈亞斯，以免夜長夢多。

　　美國有部分人不支持政變，例如參議員李‧梅特卡夫 (Lee Metcalf) 便批評詹森 (Lyndon Johnson) 政府是向「納粹同情者的軍事政權」提供援助。塔爾博特更是不贊成政變，認為這是對民主政治的戕害。但西方世界似乎對希臘發生的軍事政變出乎意料的寬容。美國於政變一週後，即 4 月 28 日發表公開聲明，其中並未譴責希臘，只提到希臘仍是北約盟國，必須解決政治犯問題，並呼籲其回歸民主制度。實際上，在冷戰背景下，美國在國際上一直維護著希臘軍政府，絕對無法容忍希臘退出北約；季辛吉 (Henry Kissinger) 一語道破天機：「不論誰掌權，只要他不反美，美國都會與其合作。」北約各國首先看到的是希臘在與華約對抗時的軍事價值，至於其政治情勢如何，則是次要的。軍政府施行獨裁統治期間，西方並未減少對希臘的武器運輸。法國就不曾切斷對希臘的軍事供應；西德是在 1971 年停止供給武器；英國 1969 年還曾向希臘出售三艘護衛艦。

　　帕帕多普洛斯的軍政府試圖藉由政變來重新設計希臘的政治格局，他與其他軍政府成員在希臘被稱為四月黨人 (Aprilians)。

二、康斯坦丁二世與軍政府

當裝甲車於 4 月 21 日來到雅典街頭時，拉里斯所屬的國民激進聯盟要求康斯坦丁二世立即鎮壓政變，但遭其拒絕，康士坦丁二世還承認軍事獨裁者為希臘的合法政府。實際上，裝甲車早已包圍了康斯坦丁的住所，軍方有效地阻止了國王進行任何形式的抵抗。最初，國王與上校爭吵，並下令將他們解職，命令其與斯潘迪達基斯一起返回營區。但當天晚上，國王來到國防部，那裡聚集了政變領袖。國王與被拘留在那裡的卡內洛普洛斯及高階將領進行協商，不過這毫無意義，由於中低階軍官拒絕服從命令，卡內洛普洛斯與將領們此時並沒有實權。

國王終於決定合作。直到今日，康斯坦丁二世仍聲稱他當時孤立無援、束手無策，他正試圖爭取時間以對抗軍政府。然而，由於國家元首承認了新政府，這就意味著新政府的合法性，即使國王對這個決定相當後悔，但對於許多希臘人來說，他們已經認清了國王的軟弱，這件事對後來廢除君主制發揮了關鍵的影響。

根據希臘憲法，只要獲得議會同意，國王得以任命首相。國王選擇了著名的保皇黨人、前最高法院檢察長科里亞斯 (Constantine Kollias)。但科里亞斯只是一個傀儡，真正的權力仍掌握在軍隊手中，尤其是帕帕多普洛斯，可見當時經由政變上臺的軍事強人，已經占據政府各個重要位置。

到此時為止，一切情況都還合乎憲法，新政府在 4 月 21 日傍晚宣誓就職，並緊接著通過一項「憲法法案」，決議取消選舉、廢

止憲法，未來將制定新憲法以取代之。

由於傳統上這種「憲法法案」不需經由國王簽署，因此康斯坦丁二世從未簽署過該法案，但即使如此，康斯坦丁二世仍遭到指責，指其對軍方合法建立政府一事未採取任何阻止措施。軍政府在政變進行的當下，已透過收音機發布戒嚴令，軍政府合法化後，便正式通過該法令。

康斯坦丁二世和上校之間的關係令人不安。上校不願意和國王分享權力，而年輕的國王就像他父親一樣，習慣於在政治中發揮積極的作用，絕不安於僅作為一個傀儡。根據伊安尼迪斯 (Paul Ioannidis) 在他的著作《命運盛行：與奧納西斯的生活》(*Destiny Prevails: My life with Aristotle, Alexander, Christina Onassis and her daughter, Athina*) 中所述，雖然上校們積極以反共、親北約與親西方的立場來討好美國，但詹森總統為了避免國際反彈，告訴康斯坦丁二世最好成立新政府，以撤換當下的軍政府。雖然美國或英國並未直接幫助或參與，但康斯坦丁二世認為這是對反政變的鼓勵。

國王最終於在 1967 年 12 月 13 日發動反政變。由於雅典受到上校們的軍事控制，康斯坦丁二世決定與科里亞斯飛往北部城市卡瓦拉，在那裡有忠於他的軍隊。康斯坦丁二世和他的顧問計畫組建一支部隊，進攻並控制薩羅尼加，在此組織替代政府。康斯坦丁二世的計畫是，替代政府可以得到英美兩國政府的承認，藉此製造國內壓力以迫使軍政府下臺，使國王得以重返雅典。

起初事情按照計畫進行，康斯坦丁二世在卡瓦拉受到歡迎。

希臘空軍和海軍沒有參與軍政府，他們立即向國王宣示效忠並且動員，另一位效忠康斯坦丁二世的將領也成功切斷了雅典與希臘北部之間的聯繫。

然而國王的計畫過於官僚主義，天真地認為指揮官的命令會被理所當然地遵行。此外，即使軍政府很有可能以暴力回應，康士坦丁二世仍害怕爆發流血衝突，他也未試圖獲取廣泛民眾的支持，而是希望大多數城鎮能夠自發地支持民主，並讓他的將領們在嚴格遵守官僚主義的情況下，控制住薩羅尼加。國王沒有試圖聯繫任何政治人物，甚至發表宣言時刻意加入譴責共產主義的內容，以免受人誤解。

在這種情況下，中級軍政府官員立刻逮捕了康斯坦丁二世的保皇黨將領，並接收了他們的武力，隨後組建軍隊前往卡瓦拉逮捕國王。軍政府沒有因失去他們的傀儡總理而動搖，他們譴責國王，指稱他「躲藏在村落之間」。康斯坦丁二世在意識到反政變失敗後，便坐上皇家飛機逃離希臘，在 12 月 14 日清晨降落於羅馬。之後在軍政府統治期間，他一直處於流亡狀態，即使他在軍政府垮臺後立即返回希臘，也無法重登王位。

康斯坦丁二世和科里亞斯的飛機離開希臘之後，希臘就再也沒有合法政府或國家元首。但這並未造成軍政府的困擾，相反地，由帕塔科斯、帕帕多普洛斯和馬卡雷佐斯組成的革命委員會，任命佐伊塔基斯 (Georgios Zoitakis) 少將為攝政 (Regent)。佐伊塔基斯隨後任命帕帕多普洛斯為總理。由於康斯坦丁沒有組織流亡政府，因此軍政府便成為希臘唯一的合法政權。

三、軍政府的統治

為了提供政權的合法性,軍政府起草了新憲法,使軍隊成為「社會和政治秩序的守護者」。過去軍隊必須受到政府和議會的監督,而新憲法賦予他們極大的自主權。同時,憲法也高度限縮了政黨的活動。11 月 15 日公民投票通過了新憲法,獲得超過 92% 的贊成票。但是,公民投票是在不太自由的情況下進行的。軍政府廣泛宣傳支持新憲法,同時掩蓋任何反對意見。根據新憲法,攝政將繼續進行他的職權,直到選舉舉行為止——儘管國王從未承認攝政。軍政府宣布,在舉辦選舉之前,他們所謂的「四二一革命」需要時間來改革「希臘的心態」,在這之前,憲法中大部分的公民權利保障都被凍結。

1972 年 3 月 21 日,內閣投票通過由帕帕多普洛斯取代佐伊塔基斯,從而將攝政和總理的職權合而為一。此舉即便是根據軍政府的憲法,都是極具法律爭議的作法。一般認為,這是因為攝政的存在對軍隊造成威脅。雖然國王的肖像仍保留在硬幣與公共建築之上,但慢慢地,軍隊削弱了君王的體制——皇室的免稅權被廢除,皇家慈善機構由國家直接控制,皇室徽章被從硬幣上移除,海軍和空軍放棄了他們的「皇家」稱號,報紙被禁止刊登國王的照片或任何採訪。

在此期間,流亡歐洲和美國的希臘人組織了對上校政權統治的抵抗。除了可預期的左翼反抗之外,軍政府也受到傳統右翼政權支持者的攻擊,包括支持康斯坦丁二世的君主主義者、擔心希

臘受到國際孤立的商人，以及 1971 年後面臨經濟衰退的中產階級。同時軍政府內部也存在相當大的矛盾，不過軍政府仍然牢牢控制著希臘政權，不太可能被暴力手段驅逐下臺。

上校傾向將政變稱為「拯救國家的革命」(Ethnosotirios Epanastasis)。他們的理由是，「共產主義陰謀」已滲透進希臘的政府機關、學術界、新聞界和軍方，程度極其嚴重，只有採取激烈行動，才能保護國家免受共產主義的威脅。因此，軍政府堅定地反對共產主義，他們使用「無政府共產主義者」(Anarcho-Communist)一詞來指稱一般的左派分子。軍政府操作公眾輿論的方式，除了一般的政治宣傳外，還會發明新的詞彙和口號，例如以「舊黨派」(Palaiokommatismos) 來詆毀議會民主，或者以「希臘是基督徒希臘人的希臘」(Ellas Ellinon Christianon) 來強調其意識形態。軍政府的主要意識形態發言人是耶奧加拉斯 (Georgios Georgalas) 和記者康斯坦托普洛斯 (Savvas Konstantopoulos)，兩位都是前馬克思主義者。

在軍政府時期，帕帕多普洛斯經常使用「血淋淋的醫學比喻」——即如同英國廣播公司所形容的，例如他或軍政府擔任的是「醫生」角色，而希臘是「病人」。醫生會將患者的腳固定在矯形石膏中，或者將他綁在病床上進行麻醉，以對其進行手術，這些限制可以使患者在手術期間不會有生命危險。帕帕多普洛斯在一篇著名演講中提到：「我們所面對的是一位在病床上的患者，如果外科醫生沒有在手術和麻醉期間將他綁在床上，可能手術就無法恢復他的健康，他將會死去。……這些限制就是將病人固定在

病床上，讓醫生可以毫無顧慮地進行手術。」

在同一場演講中，帕帕多普洛斯繼續說道：「我們有一位打上石膏的病人，現在要檢查他是否可以在沒有石膏的情況下行走。我們打破了最初的石膏，如果必要的話就會更新石膏。公民投票就是在觀察病人的情況，讓我們為他祈禱，希望他永遠也不需要石膏。但如果他需要，我們還是會給他打上。我能向你保證，總有一天會邀請你來見證沒有打石膏的腳！」

軍政府也經常使用與復活有關的宗教意象：「基督復活了——希臘復活了」，暗指軍政府將拯救希臘，並使他復活成一個更強大的國家。宗教主題和重生隱喻也見於以下內容：我們的宗教和歷史都描述了我們的義務、基督教導我們和諧與愛、我們的歷史要求著我們對祖國的信仰、希臘正在重生、希臘將成就偉大的事物、希臘將永垂不朽。

從通過希臘電臺宣布政變開始，廣播就不斷地播放軍事音樂。而軍政府發布命令的公告還會不時中斷廣播，這些命令多以「我們決定」作為開頭。希臘人民幾十年來一直享有的政治和公民自由受到壓制，保護思想和新聞自由的希臘憲法條文遭到凍結，軍事法庭成立，政黨也被解散。希臘的民主與法治，曾耗費幾十年進行討論與調整，卻在短短數日內就被廢除，迅速解體。

1967 年 9 月，丹麥、挪威、瑞典和荷蘭向歐洲人權委員會指控希臘違反《歐洲人權公約》所保護的大部分人權。政變發生後，共有六千一百八十八名疑似共產黨或政治反對派人士遭到監禁，或者被流放到偏遠的小島。在軍政府統治下，駐衛警察和希臘憲

兵蓄意對拘留犯施行酷刑，常用的酷刑包括毆打拘留者腳底、性虐待、窒息和剃除體毛，憲兵特別審訊局會讓犯人長時間站在空蕩蕩的房間、剝奪他的飲食與睡眠，或用毆打、響亮的聲音折磨犯人的身體與心智。然而，在人權委員會於 1969 年 12 月作出判決之前，希臘就自行退出了歐洲理事會。

根據國際人權報告，在四二一政變的第一個月，估計有八千人被捕。貝克特 (James Becket) 是一位美國律師，也是《希臘野蠻人》(*Barbarism in Greece*) 的作者，他受國際特赦組織派遣前往希臘，並在報告中提到，保守估計超過兩千人遭受殘酷暴行。

公民的集會權被剝奪，不允許任何政治示威。即便是少數被准許的社會活動，也都會受到監督。這對人民產生了寒蟬效應，他們意識到，即使他們可以進行某些社交活動，卻無法超越言論的界限，研究或討論政治都是被禁止的。被警察逮捕時，人們沒有任何人權可言，在軍政府統治下人民完全沒有言論自由，且在公共場所的攝影也被禁止。

人們生活在極度恐懼中，因為軍政府的高壓統治，希臘人民沒有任何人權或自由，人民遭受酷刑、毆打、流放、監禁，以及被貼上「無政府共產主義者」的標籤。法律無法有效、平等地實行，也缺乏實質的民選代表，這意味著人民除了服從軍政府外別無選擇。希臘已成為一個真正的警察國家。

在沒有新聞自由，以及公民權根本不存在的情況下，這些侵犯人權的案件既無法被媒體報導，也無法被任何權威機構調查。這導致了在帕帕多普洛斯獨裁統治期間，希臘人的普遍恐懼心態，

後來在約安尼迪斯 (Dimitrios Ioannidis) 的統治下，這種恐懼心態變得更加嚴重。

作為冷戰盟友，軍政府得到了美國的支持，由於希臘靠近東歐蘇維埃集團，杜魯門政府曾給予希臘數百萬美元的經濟援助，以防堵共產主義。有些人認為，美國對於軍政府的支持，是希臘出現反美情緒的起因。

西歐國家對軍政府的態度則存在分歧。斯堪地那維亞國家和荷蘭對軍政府採取非常敵對的立場；另一方面，英國和西德等國家雖然批評希臘的人權情況，但其於希臘對西方聯盟的戰略價值，則支持其加入歐洲理事會和北約。

1968 年 4 月，帕帕多普洛斯邀請了義大利的五十名極右翼人士參加希臘之旅，其目的是向義大利人展示軍政府的施政方針。這些極右派分子返回義大利後，將暴力升級到一個新的規模，他們開始恐怖炸彈攻擊，並造成數百人傷亡。之後，右派分子指責這種暴力是共產黨所為。在訪問希臘之後，義大利新法西斯主義者也參與了嫁禍行動，並開始了一場滲透左派、無政府主義者和馬克思列寧主義組織的運動。其中一位在幾個月中經常進行挑釁和滲透的新法西斯主義者，在 1969 年 12 月 12 日主事了豐塔納廣場爆炸事件 (Piazza Fontana Bombing)。

四、藝術與文化

為了獲得人們的支持，帕帕多普洛斯強調他是一個貧窮農家子弟，在希臘軍事學院接受教育，所以他支持人們享有充分的社

會和文化自由，不過軍政府的審查很嚴厲，特別是政治活動以及
與政治相關的藝術、文學、電影和音樂等，例如加夫拉斯
(Costa-Gavras) 的電影和塞奧佐拉基斯 (Mikis Theodorakis) 的音
樂就被禁止演出。

　　值得注意的是，西方音樂和電影只要通過政治審查，還是能
被放行。即使當時被認為充滿色情的西德性教育紀錄片《海爾嘉》
(*Helga: Vom Werden des menschlichen Lebens*)，也核准上演。1971
年，軍政府允許戴維斯 (Robert Hartford-Davis) 拍攝經典的恐怖電
影《詛咒》(*Incense for the Damned*)，這部電影由庫欣 (Peter
Cushing) 和馬西尼 (Patrick Macnee) 主演，並在希臘的伊茲拉島
(Hydra) 拍攝。1970 年，胡士托音樂節的紀錄片電影 (*Woodstock*)
在希臘上映，雅典許多年輕人蜂擁至電影院觀看，甚至發生騷亂，
還有些人被逮捕。

　　與此同時，在克里特島的馬塔拉 (Matala)，有一個嬉皮社群
自 1960 年代以來一直生活在洞穴中，從未與外界接觸。1971 年，
作曲家瓊妮‧密契爾 (Joni Mitchell) 與嬉皮一起住在馬塔拉洞穴，
受到啟發，創作了歌曲〈卡蕾〉(*Carey*)。

　　在軍政府的早期階段，電臺禁止播送西方音樂，但後來放寬
限制。此外，流行搖滾音樂節目，如由著名的馬斯塔拉基斯
(Nico Mastorakis) 所主持的節目，在廣播和電視都非常受歡迎。
同時，西方唱片銷售也不受限制，搖滾音樂會和巡演也是如此，
當時流行的搖滾樂團蘇格拉底抽鴉片 (Socrates Drank the Conium)
和諾斯特拉達莫斯 (Nostradamos) 都極受歡迎。

另一個流行樂團珀勒 (Poll) 是 1970 年代希臘流行音樂的先驅，其主唱兼作曲是威廉姆斯 (Robert Williams)，1971 年又有圖納斯 (Kostas Tournas) 加入。珀勒樂團有許多熱門歌曲，如〈人類彼此相愛〉(*Mankind Love One Another*)，這是一首受歡迎的反戰歌曲；由圖納斯和威廉姆斯共同創作的〈來吧，我的太陽〉(*Come, My Sun*) 也風靡一時。圖納斯後來單飛，並於 1972 年製作了專輯《無盡的農場》(*Infinite Fields*)，其中管弦樂團和搖滾樂團的組合讓人耳目一新。

薩伏波洛斯 (Savvopoulos) 的歌曲也相當受到年輕人喜愛，他的歌曲極具政治色彩，他的專輯往往被軍政府列為禁歌，包括《瘋人果園》(*The Madman's Orchard*)、《髒麵包》(*Dirty Bread*) 等。

五、經濟

軍政府積極鼓勵旅遊業，旅遊業的發展迅速也帶動了夜生活文化。然而，在沒有任何公民權利的情況下，社會文化上的自由無法得到法律保障。此外，在社會或文化活動中，任何在政治上逾矩的行為，通常都意味著逮捕和懲罰。1969 年，雅典舉辦歐洲田徑錦標賽，進一步推動了旅遊業的發展，政府也藉此展示其政治正當性。雖然迪斯可舞廳和夜總會在初期受到宵禁限制，但其原因是受到能源危機的影響，隨著能源危機的緩解，這些場所的營業時間也就從凌晨一點延長至凌晨三點。不過約安尼迪斯政變後，這些自由旋即消失。

農民是帕帕多普洛斯的支持者，這與他來自農村的背景有關。

為了培養這層關係，他稱呼農民為「人民的脊梁」，並取消所有農業貸款。帕帕多普洛斯促進宗教信仰和愛國主義思想，呼籲農村經濟發展政策，藉此加強他的農民形象；但另一方面，農村背景卻使他無法吸引城市中的中產階級。此外，帕帕多普洛斯從一開始就承諾，獨裁統治並不會永久，當政治秩序確立後就會恢復民主。他促進旅遊業和其他有益的經濟措施，除了政治和新聞審查之外，他沒有在其他方面高度限制中產階級，這有助於軍政府獲得人民的默許以控制國家。

1967～1973 年期間，希臘經濟增長率高，通貨膨脹率、失業率低。經濟增長乃是受到旅遊業投資、寬鬆的移民政策等影響，國內外商業受到獎勵措施的推動，投資屢創新高。當時有幾家國際公司在希臘投資，包括可口可樂公司等，但在 1972 年後，經濟增長開始失去了動力。

此外，軍政府在阿克蒙 (Aliakmon)、卡斯特卡翁 (Kastrakion)、波利費托斯 (Polyphytos) 等地興建了大規模的水力發電設施，也進行熱能發電機組的擴建及其他重要基礎設施的開發。軍政府進行這些建設的口號是「希臘是個大工地」。由於帕帕多普洛斯笑臉常開，希臘人稱呼他為永遠的微笑，也稱他為「希臘第一鏟刀」。他經常出現在各項建設的典禮中，手裡拿著一把鏟刀，這個場景也出現在許多宣傳紀錄片裡，這些紀錄片則會在電影放映前播放。

由於缺乏民主制衡和新聞自由，不透明交易和腐敗案件時有發生。旅遊部長拉達斯在任內發放了幾筆低息貸款，用於旅遊開

發，並在二十年內攤銷。這促進了眾多飯店的投資，但在非旅遊區，由於沒有潛在商機，貸款一旦撥發下來，這些飯店就倒閉了，其廢墟至今仍存留在希臘的鄉村。上述這些貸款被稱為「海上貸款」，因為其借貸條件實在是過於寬鬆。軍政府的另一項爭議政策是註銷農民的農業貸款，這歸因於帕帕多普洛斯企圖獲得農民的支持。

六、反抗運動

　　民主分子從一開始就反對軍政府。1968 年，流亡海外的希臘人和國內的反軍政府分子創建了許多促進民主的激進組織，包括泛希臘解放運動、民主防衛、社會主義民主聯盟；此外還有一些左翼團體，如之前被取締的希臘共產黨。1968 年，帕納古利斯 (Alexandros Panagoulis) 暗殺帕帕多普洛斯未遂。暗殺事件發生在 8 月 13 日上午，當時帕帕多普洛斯在保全摩托車和汽車的護送下，從位於拉格尼西 (Lagonisi) 的別墅來到雅典。帕納古利斯在沿海公路引爆了一枚炸彈，載有帕帕多普洛斯的豪華轎車不得不放慢速度，但炸彈並未傷及帕帕多普洛斯。幾小時後，帕納古利斯在附近一個沿海洞穴中被捕，因為那艘應該帶他逃離現場的船隻並沒有出現。

　　帕納古利斯被轉送到至希臘憲兵隊拷問，1968 年 11 月 17 日，他被判處死刑，並遭關押了五年。在恢復民主後，帕納古利斯當選為國會議員。他被認為是希臘恢復民主的標誌性人物。

　　1968 年老巴本德里歐過世，11 月 3 日，人民自發地參加他的

葬禮，結果演變成反軍政府的大規模示威遊行。成千上萬的雅典人違反軍方命令，跟隨送葬隊伍前往墓地，最後共有四十一人被逮捕。

1969 年 3 月 28 日，在經歷過兩年的嚴格審查、政治拘留和酷刑後，曾在 1963 年獲得諾貝爾文學獎的塞費里斯 (Giorgos Seferis) 公開抨擊軍政府。他在英國廣播公司發表了一份聲明，同時將副本發送給雅典的每家報社。在攻擊上校政權時，他激動地要求「這種異常政權必須結束」。塞費里斯並沒有活著看到軍政府的結束，不過 1971 年 9 月，他的葬禮卻成為反軍政府的大規模示威活動。

同樣在 1969 年，加夫拉斯將著名左派作家瓦西里克斯 (Vassilis Vassilikos) 的同名著作改編為電影《大風暴》(Z)。這部在希臘被禁的電影，講述了民主黨左派分子蘭布拉基斯 (Gregoris Lambrakis) 於 1963 年被暗殺的事件，這部電影反映了人們對軍政府的憤怒情緒。電影配樂的原聲帶由塞奧佐拉基斯所寫，他原先被軍政府監禁，後來流亡海外，再將音樂偷渡回希臘，並且又加進他的其他地下音樂帶中。

此外還有一部鮮為人知的丹麥電影 《你鄰居的兒子》 (Your Neighbor's Son)， 其中詳細地描述青年是如何成為軍政府的酷刑執行者。

軍政府放逐了數千人，罪名是共產主義者或「國家之敵」，其中大多數人被流放到希臘荒島上。海外的流亡者，多數都積極參與抵抗運動，他們在歐洲各大城市組織抗議活動，或者幫助、隱

藏希臘政治難民，其中包括梅高麗 (Melina Mercouri)、塞奧佐拉基斯、西米蒂斯 (Konstantinos Simitis)、安德烈亞斯・巴本德里歐和弗萊明夫人 (Amalia Fleming) 等。有些人是自願選擇流亡，因為他們無法接受軍政府的統治。例如，梅高麗被允許進入希臘，但她還是自願離開了。

1970 年 9 月 19 日凌晨，希臘大學生喬治亞基斯 (Kostas Georgakis) 為了抗議帕帕多普洛斯的獨裁統治，在熱那亞的馬提奧第 (Matteotti) 廣場自焚。由於擔心民眾的反應和抗議，軍政府推遲了四個月才讓他的遺骸被送回家鄉科孚島。當時，他的死亡在希臘以及國際上都引起轟動，他是唯一一位犧牲自己反抗軍政府統治的人，因此被認為是學生抗議活動的先驅，影響了後來雅典理工大學的遊行抗議，科孚市政府甚至在他家附近豎立一座紀念碑。

德國作家瓦爾拉夫 (Günter Wallraff) 於 1974 年 5 月前往希臘，在憲法廣場抗議侵犯人權的行為。他遭到警方逮捕並施加酷刑，因為他沒有攜帶可以證明他是外國人的文件，在其身分暴露後，瓦爾拉夫被判入獄十四個月，直到 1974 年軍政府統治結束後才獲釋。

1973 年，軍政府的統治逐漸難以為繼。春天時，一萬多名農民封鎖公路，抗議威脅他們土地的工業化計畫。5 月 23 日，在反軍政府的抗議活動中，一次由海軍支持的保皇黨政變陰謀敗露。在指揮官帕帕斯 (Nikolaos Pappas) 的指揮下，驅逐艦維洛斯號 (Velos) 在參加北約演習後，拒絕返回希臘，並一直停留在義大利

的菲烏米奇諾 (Fiumicino)。這是因為在參與義大利和薩丁尼亞島之間的北約艦隊巡邏期間，帕帕斯透過無線電得知一些海軍軍官在希臘被捕的消息，那是一群民主派軍官，他們仍效忠憲法，並計畫採取行動對抗軍政府，帕帕斯也參與其中。帕帕斯認為，既然與他合夥的反軍政府軍官已經被捕，希臘境內的反軍政府運動已經沒有希望了，因此他決定單獨行動以激起全球輿論。帕帕斯召集艦上所有官兵，並向中隊指揮官和北約總部發表宣言，他引用《北大西洋條約》的序言：「所有政府……都決心維護其人民的自由、共同遺產和文明，建立在民主、個人自由和法治上。」帕帕斯帶領船艦朝羅馬外海航行，在距離菲烏米奇諾海岸約三·五海里（六公里）處，有三位驅逐艦人員乘坐小船上岸，前往菲烏米奇諾機場打電話給國際新聞機構，通知他們有關希臘的情況，而帕帕斯將在第二天召開新聞發布會。這一行動增加了國際上對希臘局勢的興趣。帕帕斯、六名軍官和二十五名小官員請求允許留在國外作為政治難民。事實上，所有海軍官兵都希望跟隨他們的指揮官，但帕帕斯建議他們留在艦上並返回希臘。一個月後，維洛斯號載著替換過的船員返回希臘。軍政府倒臺後，所有官兵都返回原希臘海軍。

七、軍政府倒臺

軍政府在政治上和意識形態上的崩潰，是在帕帕多普洛斯試圖實現自由化後不久，所引發的一系列事件導致，但在此之前，意識形態就已先瓦解了。

在軍政府執政期間，巨大的政治壓力使內部相互對立，從而摧毀了看似單一凝聚的獨裁統治。軍官間嚴重的對立影響了政權的可信度，並且對政權造成致命的打擊。與此同時，在自由化的過程中，一些限制開始取消，人民渴望更多的自由。

早在 1968 年，帕帕多普洛斯就曾表示他對改革的熱忱，他當時宣稱不希望「革命」（軍政府以此詞來代替「獨裁統治」）成為一個「政權」。然而，他改革的嘗試在 1969 年和 1970 年都遭到挫敗，事實上，在 1970 年改革失敗之後，帕帕多普洛斯表示要辭職，後來在強硬派重新表達對他的個人忠誠之後才被勸阻。

1970 年 4 月 10 日，帕帕多普洛斯宣布成立諮詢委員會，後來也被稱作「偽議會」。只能從政權支持者中選舉出的成員組成議會，由中央諮詢委員會和省諮詢委員會組成兩院制，兩個委員會的目的都是向獨裁者提供建議。在宣布成立委員會時，帕帕多普洛斯解釋他想避免使用「議會」一詞，因為它聽起來很糟糕。

在帕帕多普洛斯開放政權失敗之前，諮詢委員會就已經解散。由於內部的不滿情緒在 1970 年代持續高漲，特別是在 1973 年初海軍發生流產政變之後，帕帕多普洛斯便試圖通過逐步的「民主化」，使自己的政權合法化。

1973 年 6 月 1 日，帕帕多普洛斯廢除君主制，宣布希臘為共和國，並自立為總統。在一次有爭議的公投後，他的總統職位得到官方確認，但未獲得各政黨的承認。此外，他尋求舊政治機構的支持，卻只得到新任總理馬克齊尼斯的合作。同時，他還解除了許多限制，也大大減少軍隊的控制。帕帕多普洛斯打算建立一

個總統制共和國，在該制度的體系下，他所擔任的總統職位擁有近乎獨裁的權力。然而許多軍政府支持者反對回歸民主政治的決定，他們對於帕帕多普洛斯的不滿在幾個月後變得更為明顯。

帕帕多普洛斯在自由化方面的作為，並沒有得到太多希臘人青睞。在這個笨拙的民主化政治實驗中，他不但顯得缺乏經驗，而且受到多重因素的制約。由於帕帕多普洛斯傾向於將權力集中在自己手中，因此他的政府必須對抗知識分子，主要是學生，例如雅典法學院的學生就曾多次反對獨裁統治。

其實在獨裁統治之前，學生的抗議就已經很強烈。帕帕多普洛斯努力壓制並詆毀學生運動，但他所開展的自由化進程，卻讓學生們可以更自由地組織反抗運動，這使得雅典理工大學的學生有機會擴大組織規模。整體政治氛圍支持學生，軍政府感受到這一點而驚慌失措，反應開始變得激烈。1973 年 11 月 14 日，在雅典理工大學爆發大規模反希臘軍政府的示威活動，之後衝突逐步升級，11 月 17 日，學生罷課並靜坐「自由圍城」，帕帕多普洛斯派遣軍隊鎮壓，凌晨三點，一架 AMX 30 裝甲車輾過雅典理工大學的校門。軍隊在第二天占領了憲法廣場，此次事件共造成四十多位平民死亡。

由於約安尼迪斯曾在抗議活動期間參與煽動部隊，因此他必須在道德上對雅典理工大學事件負責。雅典理工大學的抗爭引發了後續一系列事件，這些事件最終結束了帕帕多普洛斯的「自由化」嘗試。

約安尼迪斯在帕帕多普洛斯政府中長期擔任軍警首長，他以

起義為藉口，要重新建立公共秩序，並於 11 月 25 日發動推翻帕帕多普洛斯，恢復戒嚴。新的軍政府任命吉齊基斯 (Phaedon Gizikis) 將軍擔任總統，經濟學家安德魯索普洛斯 (Adamantios Androutsopoulos) 擔任總理，不過事實上，是約安尼迪斯在幕後控制一切。

約阿尼迪斯的強硬措施摧毀了軍政府的意識形態，也就是軍政府是一個理想主義的軍官團體，擁有完全相同的理想，利用集體智慧來拯救希臘。軍政府意識形態的主要宗旨已經消失，其集體性也是如此。在推翻軍政府另外三位首長之後，約阿尼迪斯成為唯一的領導者。他引用了帕帕多普洛斯派的意識形態，作為將其推翻的理由，指責他們偏離了革命的原則，尤其是腐敗和濫用他們作為軍官的特權以獲得經濟利益。

帕帕多普洛斯和他的軍政府總是聲稱，1967 年 4 月 21 日的「革命」從舊政治制度中拯救了希臘。現在，約安尼迪斯則聲稱他的政變拯救了帕帕多普洛斯派的革命。雖然軍政府的失能以及意識形態分裂最後都被公開，然而約安尼迪斯沒有趁勢利用這些指控，因為他總是試圖避免不必要的宣傳。廣播放送著熟悉的政變節目，包括穿插軍事命令和宵禁公告的軍事音樂，不斷重複宣告軍隊正在收回權力，以挽救革命的原則和推翻革命的原則。

與此同時，他們宣布新政變是「1967 年革命的延續」，並指責帕帕多普洛斯「偏離了 1967 年革命的理想」，並「過快地推動國家走向議會政治」。在奪取權力之前，約安尼迪斯傾向於在幕後工作，他從未在軍政府任職。現在，他是傀儡政權實質上的領導

者。約安尼迪斯組建政府的方式，再次打擊了政府已經迅速下降的可信度。

新軍政府的建立相當不合理，因此採取了激進的內部鎮壓和擴張性外交政策。1974 年 7 月 15 日，在約安尼迪斯的支持下，塞浦路斯島上的一場政變推翻了塞浦路斯總統馬卡里奧斯三世大主教。土耳其與塞浦路斯和希臘駐塞浦路斯軍隊發生激烈戰鬥後，土耳其軍隊進駐了該島北部地區，占領島上 38% 的土地。這座誕生愛神的島嶼，從此在種族仇恨下陷於南北分裂。利令智昏的希臘軍政府居然在此時下令全國總動員，並向希土兩國邊境的色雷斯地區調動陸軍第十軍團，準備進攻土耳其。可是實際上，稍有理智的人都知道雙方軍力差距懸殊，武裝衝突只會對土耳其有利。因此，總動員遭到希臘群眾反對，國內爆發了大規模的示威遊行，甚至大部分預備役軍人也反對當局的自殺性行動。就在軍政府風雨飄搖的關鍵時刻，季辛吉代表美國落井下石，聲稱美國國務院「始終沒搞清楚是哪股勢力篡奪了希臘的政權」。塞浦路斯的慘敗促使希臘高級軍官撤回對約安尼迪斯的支持，總統吉齊基斯召集了一些老政客商議，推舉民族團結政府，領導希臘進行選舉。一開始前總理卡內洛普洛斯獲得支持，但 7 月 23 日吉齊基斯邀請一直居住在巴黎的前總理卡拉曼利斯擔任該職務。卡拉曼利斯回到雅典，並在吉齊基斯總統的領導下宣誓就任總理。 1974 年 11 月，卡拉曼利斯的新政黨新民主黨贏得大選，希臘恢復了議會政治。 1974 年是希臘十年來舉行的第一次自由選舉，同年 12 月 8 日舉行公民投票，以二比一的得票比例拒絕重建君主制，希臘成

為共和國。

第八節　民主政體

一、軍政府的影響

　　雖然軍政府的垮臺，是由希臘在塞浦路斯的失勢直接造成，但其意識形態上的崩塌，卻是從 1973 年雅典理工大學抗爭便已引發。雅典理工大學抗爭揭露了政權內部的矛盾和壓力，從而摧毀了軍政府的政治凝聚神話，導致軍政府失去人民的信賴，是將軍政府推向最後滅亡的關鍵催化劑。1975 年 1 月，軍政府成員被捕，同年 8 月初，卡拉曼利斯政府對帕帕多普洛斯和軍政府的其他十九名同謀提起叛國罪，於瑞達洛斯 (Korydallos) 監獄舉行大規模審判工作，其安全措施極其嚴格，現場配置了一千名持衝鋒槍的士兵，並由裝甲車巡邏通往監獄的道路，該次審判又被稱為「希臘的紐倫堡大審」。

　　帕帕多普洛斯、帕塔科斯、馬卡雷佐斯和約安尼迪斯因叛國罪被判處死刑，後來被卡拉曼利斯政府改為終身監禁。1990 年，康斯坦丁諾斯總統一度考慮給予大赦，但在保守派、社會主義者和共產黨人的抗議之後，特赦的計畫便被取消。1999 年，帕帕多普洛斯因癌症而保外就醫，不久後在醫院去世，約安尼迪斯則一直被關押，直到 2010 年去世。

　　軍政府的歷史影響是深刻的，至今在希臘仍感受得到。在希

臘內部，公民權利的喪失和隨之而來的壓迫，使民眾產生恐懼和迫害感，造成創傷和分裂，這種感覺在軍政府倒臺後內仍持續存在很長時間。而塞浦路斯衝突所導致的悲劇至今也仍持續中，雖然該慘敗是出自約安尼迪斯的行動，不過開啟政變輪迴的還是帕帕多普洛斯。

在希臘外部，由於冷戰期間希臘屬於西方集團國家，其人權迫害的事實造成自由世界的困窘，尤其是希臘還被視為民主的起源地。這也使得希臘在國際上受到蔑視，並且打斷了與歐盟的合作，付出了不可估量的成本。

「四二一」軍政府的政權至今仍備受爭議，大多數希臘人對其態度都非常強烈且兩極化。根據卡帕研究 (Kapa Research) 在 2002 年發表的一項調查，大多數受訪者 (54.7%) 認為軍政權對希臘不利或有害，20.7% 的受訪者認為軍政權對希臘有益，而 19.8% 的受訪者則認為不好不壞。2013 年 4 月，米特隆 (Metron) 分析調查發現，30% 的希臘人嚮往軍政府時期的「更好」日子。

希臘軍政府與幾位美國中央情報局官員的關係可說是密不可分，因此在軍政府垮臺之後，他們也受到影響。例如阿伏拉科托斯，他的長官韋爾奇 (Richard Welch) 在 1975 年被「十一月十七革命組織」所謀殺，後來他許多與軍政府關係密切的同夥也在這段時間內遭到暗殺。阿伏拉科托斯的身分被媒體曝光後，使他的生命也處在危險之中。1999 年，柯林頓代表美國政府為了以冷戰戰略名義支持軍政府而道歉。

有些人認為，軍政府在社會中揮之不去的影響，導致了金色

黎明 (Golden Dawn) 的崛起。這是一個極端的右派政黨，在希臘持續的債務危機中，於 2012 年連續兩次選舉獲得十八個議會席次。金色黎明的領導者米哈羅里亞可斯 (Nikolaos Michaloliakos) 在監獄中會見了軍政府領袖，並受到啟發，為該黨奠定了基礎。一些人將希臘警察對金色黎明的支持與該黨同情軍政府的聲明聯繫起來，指出警察的生計受到嚴厲緊縮措施的威脅，因此受到聲明的吸引，選擇支持金色黎明。

二、民主政治的新起點

1974 年公民投票廢除君主制之後，議會於隔年 6 月 19 日通過新憲法，並選舉齊多斯 (Konstantinos Tsatsos) 為共和國總統。在 1977 年的議會選舉中，新民主黨再一次獲得多數席位。1980 年 5 月，卡拉曼利斯總理當選總統，拉里斯接替卡拉曼利斯擔任總理。

1981 年 1 月 1 日，希臘成為歐洲共同體（今歐洲聯盟）的第十個成員。在 10 月 18 日舉行的議會選舉中，安德烈亞斯‧巴本德里歐領導的泛希臘社會主義運動 (PASOK) 贏得三百個席位中的一百七十二個席位，希臘選出了第一個社會主義政府。

泛希臘社會主義運動是希臘史上首個通過民主選舉上臺執政的左派政黨，秉持社會民主主義理念的泛希臘社會主義運動，強調讓國家回到人民手裡，但實際上卻強化了國家對社會和經濟的干預。其大力推進各項社會主義制度，並持續新增以現金補貼形式為主的社會福利，使政府的社會支出急劇上升。在 1970 年代

前，希臘社會保障支出占 GDP 比重長期停滯在 15%，1980 年代初期開始快速提升，到 2001 年達到 27.2% 的高點，隨後仍有上升趨勢。希臘的人均社會支出在 1990 年只相當於歐盟十五國平均水準的 54.5%，在 2001 年新增到了相當於平均水準的 61.9%。若與歐盟中的高社會支出國家（例如丹麥等北歐國家）比較的話，1990 年希臘人均社會支出只相當於丹麥的 44%，到 2001 年已經上升到了丹麥的 51% 左右。「聖誕禮物式社會福利政策」大大超越了希臘同期經濟增長速度，並造成持續性通貨膨脹和龐大赤字，早在 1985 年左右，希臘的社會保險赤字就已占希臘財政開支的 16.7% 和 GDP 的 3%。

1985 年 3 月 29 日，在巴本德里歐總理拒絕支持卡拉曼利斯總統連任第二任期後，最高法院法官薩特塔基斯 (Christos Sartzetakis) 被希臘議會選為總統。希臘在 1989 年進行了兩輪議會選舉，兩次都產生了弱勢的聯合政府。各黨領袖於 1990 年 2 月撤回支持，並於 4 月 8 日重新舉行選舉。以米佐塔基斯 (Konstantinos Mitsotakis) 為首的新民主黨在該次選舉中贏得了一百五十個席位，隨後獲得另外兩個席位。然而在 1992 年，米佐塔基斯和他的第一任外交部長薩馬拉斯 (Antonis Samaras) 之間的分歧，導致了薩馬拉斯的解職與政府的瓦解。在 1993 年 9 月的新選舉中，巴本德里歐重新掌權。

1996 年 1 月 17 日，巴本德里歐因長期患病而辭職，前貿易與工業部長西米蒂斯接替成為新任總理。甫一上任，新總理就不得不處理希臘與土耳其在伊米亞群島 (Imia) 的重大危機。西米蒂

斯隨後在 1996 年和 2000 年的選舉中獲得連任。2004 年西米蒂斯退休，安德烈亞斯之子喬治‧巴本德里歐接替他成為泛希臘社會主義運動領導人。

在 2004 年 3 月的選舉中，泛希臘社會主義運動落敗，由前總統卡拉曼利斯的侄子柯斯塔斯 (Kostas Karamanlis) 領導新民主黨重新執政。2007 年 9 月，新民主黨政府舉行提前大選，並再次成為議會中的多數黨。由於這次失敗，泛希臘社會主義運動舉行了黨內選舉，喬治‧巴本德里歐再次當選為黨魁。在 2009 年的議會選舉中，泛希臘社會主義運動成為議會中的多數黨，巴本德里歐成為希臘總理。後來泛希臘社會主義運動在議會中失去多數席位，於是與新民主黨共同支持前歐洲央行副總裁帕帕季莫斯 (Lucas Papademos) 組成聯合政府。

三、危機中的希臘

2009 年底，由於希臘政府債務大幅上升，使得投資者對於其履行債務的能力產生不信任，導致信心危機。與其他國家（尤其是德國）相比，債券息差和信用違約交換的風險成本不斷增加，最後使得希臘國債被評比為垃圾債券，在金融市場引發了恐慌。

2010 年 5 月 2 日，歐元區國家和國際貨幣基金組織同意為希臘提供一千一百億歐元的貸款，條件是實施嚴厲的緊縮措施。2011 年 10 月，歐元區領導人還同意取消希臘政府向私人債權人借貸的 50% 債務，將歐洲金融穩定基金 (EFSF) 增加至約一兆歐元，並要求歐洲銀行實現 9% 的資本化，以降低金融傳染風險。

事實證明，這些緊縮措施在希臘極不受歡迎，並引發了示威活動和社會動盪。

人們普遍擔心，希臘債務違約會產生全球性影響，危及其他歐盟國家的經濟，威脅歐元的穩定，並使世界陷入另一場衰退。甚至有人推測，這場危機可能會迫使希臘放棄歐元，並恢復其前貨幣德拉克馬。2014 年 4 月，希臘重返全球債券市場，成功售出價值三十億歐元的五年期政府債券，收益率為 4.95%。根據國際貨幣基金組織的數據，經過五年下滑之後，2014 年希臘的 GDP 成長率恢復到 0.6%。

2012 年 5 月議會選舉之後，新民主黨成為希臘議會中最大黨派，希臘總統帕普利亞斯 (Karolos Papoulias) 要求薩馬拉斯擔任新民主黨領導人，試圖組建政府。然而，在與議會其他各方進行一天的艱苦談判後，薩馬拉斯正式宣布放棄組建政府的任務，並將這項任務轉交給第二大黨激進左翼聯盟 (SYRIZA) 領袖齊普拉斯 (Alexis Tsipras)，但他也無法組建政府。泛希臘社會主義運動同樣也未能成功談判組建政府，於是與總統進行緊急會談，決議以新的選舉結束紛爭，皮克拉梅諾斯 (Panagiotis Pikrammenos) 被任命為看守政府的總理。選民們再次參加了廣受關注的 6 月大選，新民主黨以一百二十九個席次位居榜首。6 月 20 日，薩馬拉斯與由前財政部長韋尼澤洛斯 (Evangelos Venizelos) 領導的泛希臘社會主義運動以及民主左翼 (DIMAR) 成功組建聯盟，新政府擁有五十八個多數席次，而激進左翼聯盟、獨立希臘人 (ANEL)、金色黎明和共產黨則組成反對派。

　　2013 年 9 月，政府開始打擊極右派金色黎明，該黨領袖米哈羅里亞可斯和另外五名金色黎明議員因涉嫌毆打、洗錢與組織犯罪等罪名被捕。12 月，議會通過隔年的預算，這是經濟衰退六年後首次恢復增長。

　　2014 年 2 月，希臘失業率創下 28% 的歷史新高。3 月，議會勉強批准一項重大改革計畫，即開放更多零售業，這是希臘與國際銀行達成協議的一部分。4 月，歐元區財長表示，他們將向希臘發放超過八十億歐元的救助資金。希臘首次出售長期政府債券，四年後從世界金融市場籌集了近四十億美元，此舉被視為希臘經濟復甦的重要一步。12 月，議會未能選舉新總統，引發政治危機，宣布提前舉行大選。

　　2015 年 1 月，主張反緊縮政策的激進左派聯盟勝選，齊普拉斯成為總理，並與民族主義的獨立希臘人組成聯盟。齊普拉斯向支持者表示，他的首要任務是恢復希臘的尊嚴，新政府將與國際債權人談判，為希臘的債務問題找到公平、可行和對各方都有利的解決方案，希臘不會與債權人發生衝突、不會破產，也不會退出歐元區。2 月，希臘政府與歐元區達成協議，將救助計畫延長四個月，以換取關鍵的反緊縮措施，並實施歐元區批准的改革計畫。6～7 月，歐洲央行結束緊急資金，希臘關閉銀行，並實施資本管制。選民在 7 月的公投中壓倒性地拒絕了歐盟的救助條款。8 月，希臘及其債權人同意第三輪救助，總額八百六十億歐元，希臘進一步削減開支以避免破產，並退出歐元區。

　　2016 年 3 月，馬其頓關閉了與希臘接壤的移民邊界，數千人

圖 66：現代的希臘

滯留在希臘邊境的村莊伊多梅尼 (Idomeni)。5 月，臨時的伊多梅尼移民營條件迅速惡化，促使政府撤離營地，並將其居住者轉移到薩羅尼加附近。此時，歐元區財長同意再貸款一百零三億歐元，而希臘需要償還 7 月到期的債務。他們還同意減免希臘債務，延長還款期限和限制利率。

2018 年 2 月，由於經濟增長和政治穩定性提高，信用評級機構提高了對希臘的評估。6 月，希臘和馬其頓簽署了一項歷史性

的協議，解決了希臘與馬其頓之間長達二十七年的國名爭議，隔年馬其頓國會通過修憲案，更改國名為「北馬其頓共和國」。

從 1821 年獨立以來的一個半世紀中，希臘共經歷了六次廢黜國王、七次政變和四次獨裁統治。光是二戰結束後的三十多年間，就舉行了十一次大選，有二十二個首相和四十九屆政府先後當權。這一切在 1974 年之後發生了改變，希臘政局趨向成熟，在很長一段時間，右派的新民主黨和左派的泛希臘社會主義運動分庭抗禮，輪流執政，政變與獨裁終於成為往事。

後　記

　　希臘國土的面積 131,990 平方公里。北部與北馬其頓、阿爾巴尼亞、保加利亞為鄰。東邊與土耳其相鄰。愛琴海上的島嶼星羅棋布。富於變化的海岸地形使自然景觀與人文景觀相映成趣。愛琴海上諸島，約占希臘領土的 20%。海上交通的便捷，也加速了愛琴海文明的發展。

　　歐洲的文明源自於希臘，希臘的文明則源自於愛琴海地區。實際上在西元前 3000 年愛琴海的文明即已燦爛奪目，其中克里特島的邁諾安文明則是此地文明的一顆明珠。西元前 2000 年，北方的多利安人入侵克里特島，進而吸收了邁諾安文明，西元前 1200 年，邁諾安文明才被多利安人徹底摧毀。原居克里特島的希臘人為逃離多利安人的勢力範圍，紛紛遷往阿提加半島、小亞細亞等地，這段戰亂紛起的時期被稱作「黑暗時期」，但也因為戰亂而奠定了希臘城邦的基礎。西元前九到八世紀，城邦政治在希臘各地興起。而城邦之間的相互征伐結果，也導致了希臘普遍衰敗的光景，因而得等待另一種更有力的政體出現，以收拾這瀕臨殘敗的

城邦社會。北方菲利統一馬其頓之後，於西元前 338 年擊敗了雅典聯軍。從此希臘便在馬其頓統治之下。繼之，亞歷山大南征北討，希臘的領土也擴張到歐亞非三洲，開展出合流各民族的新帝國，承繼原本的文化風貌，一路走向泛希臘主義的道路。

亞歷山大去世後，帝國分裂。當時，羅馬共和國為擴大版圖，展開連串的征伐行動，希臘也成為羅馬的一部分。西元 396 年羅馬帝國分裂為東羅馬與西羅馬兩帝國。東羅馬以拜占庭為中心，孕育出東方色彩的拜占庭文化。1453 年土耳其帝國長驅直入，滅亡了拜占庭帝國，從此，希臘即淪入土耳其之手。一直到 1821 年希臘的國民軍才能有系統的組織，反抗土耳其統治。1882 年，希臘正式提出獨立宣言，但也導致土耳其的大屠殺。

第一次世界大戰期間，希臘與德軍交戰，獲得了愛琴海地區的部分領土。到了第二次世界大戰，德、義兩國屢謀剽掠，希臘雖時有反擊，終究抵擋不住德軍的攻勢，1941 年希臘陷入德軍手裡。大戰後，正當希臘開始著手國家的新建設時，1967 年希臘又爆發了革命，實權即落入軍人手中。1974 年希臘政治又做了一次大變革，軍政府改為民選政府，召開國民會議，廢除了王制，成立新的共和體制一直到現今。

希臘人自古以來就擅長辯論，尤其喜好談論政治。在咖啡廳內，人們對於政治話題總是津津樂道，希臘人認為對政治沒興趣的人，一定是個呆板而不知進取的人。報紙的政治版更是他們的熱門話題。希臘人富熱情，擁有濃厚的人情味，到過希臘的人，向來是難忘此地情誼的。

附　錄

大事年表

併入斯巴達領土（至前 630 年）。

600	斯巴達政治制度形成。
594	梭倫被雅典各黨派命為首席執政官，進行全面改革。
541	庇西特拉圖以武力取得政權，成為雅典第一位僭主。
508	克里斯提尼變法，確立民主政治。
499	雅典協助波斯轄下的愛奧尼亞人叛變。
490	波斯帝王大流士一世進攻希臘，結果雅典擊敗波斯。
480	波斯帝王薛西斯再度進攻希臘，希臘聯軍擊退波斯。
478	希臘城邦恐懼波斯再犯，組成提洛同盟。
431	伯羅奔尼撒戰爭爆發。
430	雅典遭受瘟疫襲擊，奪走三分之一的人口。
421	提洛同盟與斯巴達同盟簽訂和約。
415	雅典重啟與斯巴達的戰爭。
404	伯羅奔尼撒戰爭結束，雅典戰敗，寡頭派趁機控制政權。
371	底比斯打敗斯巴達。
362	希臘城邦聯盟顛覆底比斯。
359	菲利成為馬其頓國王。
338	馬其頓軍隊征服雅典，成為希臘城邦聯盟盟主。
336	馬其頓王菲利遭刺殺，其子亞歷山大繼位。
334	亞歷山大率領希臘聯軍東征波斯。
331	亞歷山大繼續攻入埃及、美索不達米亞等地，追擊波斯軍隊。
324	亞歷山大征服至印度時，因將士們不耐久熱，只好班師回朝。
323	亞歷山大逝世，亞歷山大帝國分裂，進入希臘化時代。

88	本都國王密特里達提獲得希臘人支持，進軍希臘
86	羅馬戰勝密特里達提，蘇拉洗劫雅典
48	凱撒與龐培在法爾薩拉決戰
31	亞克興角之戰
27	奧古斯都設立亞該亞行省

西元後

285	戴克里先將羅馬帝國劃分為東西兩部分。
313	君士坦丁頒布《米蘭詔書》，開啟對基督教的寬容。
323	羅馬帝國皇帝君士坦丁將帝國合而為一。
328	君士坦丁將帝國首都遷移至拜占庭。
378	西哥德人懼怕匈奴進襲，湧進希臘半島，騷擾色雷斯（至 395 年）。
453	東哥德人定居匈牙利。
476	蠻族滅西羅馬帝國。
532	聖索菲亞大教堂動工（537 落成）。
540	斯拉夫人與保加利亞人踐躪馬其頓、色薩利和埃皮魯斯等地。
580	斯拉夫人湧入色薩利和伊利里亞定居。
597	拜占庭帝國修建薩羅尼加城牆以防禦馬其頓的斯拉夫人。
623	斯拉夫人襲擊克里特島。
626	阿瓦爾人、斯拉夫人和保加利亞人圍攻君士坦丁堡，但並未攻陷。
674	部分斯拉夫人定居色薩利平原。
679	保加利亞人建立保加利亞帝國。
711	摩爾人滅亡西哥德王國。

746	近東大瘟疫擴散至拜占庭帝國，造成希臘人口大量死亡，希臘人搬離大陸，斯拉夫人趁機進入希臘半島。
807	斯拉夫人聯合薩拉森人進攻拜占庭帝國的要塞堡壘。
826	薩拉森人占領克里特島，使愛琴海的海盜猖獗，地中海航運逐漸轉至義大利。
841	斯拉夫人在希臘北部建立一般的武裝殖民組織。
972	東保加利亞亡於拜占庭。
1050	東西教會正式分裂。
1018	西保加利亞亡於拜占庭。
1081	諾曼人襲擊拜占庭，入侵希臘半島。
1082	威尼斯商人獲准在拜占庭帝國境內自由貿易。
1185	諾曼人再度進軍希臘，戰敗。
1186	保加利亞人第二次建立保加利亞帝國。
1204	法蘭克人率領第四次十字軍東征，攻陷了君士坦丁堡。
1236	蒙古人征服保加利亞帝國。
1258	塞爾維亞取代保加利亞帝國。
1453	拜占庭帝國為鄂圖曼土耳其所滅。
1463	鄂圖曼土耳其和威尼斯數度發生衝突（至 1479 年）。
1470	土耳其人統一希臘。
1566	鄂圖曼土耳其攻陷阿希佩拉哥公國和熱那亞人控制的愛琴海島嶼希俄斯。
1570	鄂圖曼土耳其進攻塞浦路斯，被羅馬教廷與西班牙的聯合艦隊打敗。
1571	伯羅奔尼撒半島的希臘人趁勢起義，遭土耳其人鎮壓。
1573	威尼斯與鄂圖曼土耳其締約媾和。

1699	鄂圖曼土耳其不敵威尼斯，簽和約，割讓伯羅奔尼撒半島。
1715	土耳其人收復伯羅奔尼撒半島，採安撫政策收攏希臘人。
1768	俄國利用俄土戰爭，鼓吹希臘人反擊鄂圖曼土耳其，並藉機干涉土耳其內政。
1787	俄國利用克里米亞戰爭期間，再度鼓吹希臘人共同對抗土耳其人。
1789	法國大革命的「獨立自由」思想，在希臘引起迴響。
1797	法國占領愛奧尼亞群島，作為向東方發展的據點。
1800	俄土共同驅逐法國在愛奧尼亞群島的勢力，改由俄、土兩國共同掌管。
1807	鄂圖曼土耳其割讓愛奧尼亞群島給法國。
1809	英國占領愛奧尼亞群島。
1815	維也納會議決議鄂圖曼土耳其依法擁有希臘，愛奧尼亞成為英國保護國。
1821	希臘爆發獨立戰爭。
1826	俄英同意共同或分別令鄂圖曼與希臘簽訂協議。
1829	希臘脫離鄂圖曼獨立。
1832	希臘確定領土範圍。
1844	國王奧圖一世公布憲法。
1864	愛奧尼亞脫離英國保護。
1877	俄土戰爭（至 1878 年）。
1878	克里特島取得自治地位、英國占領塞浦路斯。
1897	希、土爆發軍事衝突。
1905	土耳其接受俄、英、法提出的共管馬其頓方案，但馬其

	頓騷亂未曾平息。色薩利爆發農民革命（至 1910 年）。
1908	青年土耳其黨於馬其頓公布新憲法，土耳其政府讓步。
1909	希臘將克里特島交給列強處理，引發雅典軍官們不滿，引發軍事革命。
1910	希臘自由黨獲得勝選，建立以西歐國家為典範的現代民主政體。
1912	巴爾幹戰爭爆發。
1913	巴爾幹戰爭結束，希臘贏得克里特、埃庇爾、馬其頓及大部分愛琴海島嶼的領土。
1914	第一次世界大戰爆發，希臘國王與首相對是否參戰的意見不一，所以戰爭初期保持中立。
1916	首相向德國及保加利亞宣戰。
1919	簽訂對保加利亞的戰後和約、協約國允許希臘占領士麥那和埃皮魯斯北部。
1920	簽訂對土耳其的戰後和約。
1923	簽訂《洛桑條約》。
1924	經由公民投票決定，希臘共和國成立。
1933	希、土簽訂協商保證邊界的十年協定。
1934	希臘、土耳其、南斯拉夫、羅馬尼亞簽訂協商與保證維持邊界現狀的《巴爾幹公約》。
1939	第二次世界大戰爆發。
1940	希臘加入第二次世界大戰。
1941	德軍完全占領希臘。
1944	德軍撤退，盟軍接管希臘大部分地區。
1945	德軍投降，希臘領土完全恢復。

1946	希臘舉行大選，解決議會民主恢復的問題。英軍未完全撤離希臘。
1947	美國援助希臘與土耳其經濟。
1949	希臘政府與共產黨決戰，肅清共產黨勢力。
1950	希臘舉辦普選，展開一連串的建設。塞浦路斯舉行非官方公投，要與希臘合併。
1951	希臘加入北大西洋公約組織和聯合國安理會。
1952	公布新憲法。
1953	希臘、土耳其與南斯拉夫簽訂防禦條約。
1954	希臘與捷克、斯洛伐克、羅馬尼亞、蘇聯、西班牙、以色列等國簽訂貿易協定。
1957	聯合國大會通過關於塞浦路斯問題的決議，但爭議仍存在。
1959	希臘與英國、美國、土耳其的關係逐步改善。
1960	塞浦路斯成立新的共和國。
1967	上校政變，由帕帕多普洛斯等軍官掌握政權。
1973	軍政府廢除君主制，改為共和國。雅典理工大學起義。
1974	土耳其占領北塞浦路斯。軍政府垮臺，希臘選舉出民主政府，並且公投拒絕恢復君主制。
1981	泛希臘社會主義運動贏得勝選，是希臘第一個社會主義政府。希臘政治形成新民主黨、泛希臘社會主義運動及共產黨的三黨體系。希臘正式成為歐洲經濟共同體的會員國。
1989	安德烈亞斯在選戰中落敗，權力轉移到新民主黨手裡。
1993	歐洲聯盟正式成立。泛希臘社會主義運動再次取得政權。

1996	總統斯特法諾普洛斯及總理西米蒂斯分別訪美。
1999	美國總統柯林頓訪希。
2000	總統斯特法諾普洛斯訪俄。與美簽署防止犯罪活動的備忘錄。
2001	希臘加入歐元區，次年歐元正式在希流通。
2002	總理西米蒂斯訪美。
2004	第二十八屆夏季奧林匹克運動會於雅典舉行。
2009	希臘國債危機。
2010	希臘獲得歐盟和國際貨幣基金會提供的紓困計畫。
2011	歐盟和國際貨幣基金會提供第二次紓困計畫，希臘國會通過緊縮措施。
2015	齊普拉斯率領激進左翼聯盟成為國會最大黨。
2018	希臘退出紓困救助計畫，但支出仍受歐盟央行審查。
2019	米佐塔基斯率領新民主黨勝選，出任總理。
2022	歐盟結束對希臘的財政監管。

參考書目

中文部分

劉景輝譯,《西洋文化史》,臺北:學生書局,1984 年。

周恃天譯,《西洋文化史》,臺北:黎明文化公司,1981 年。

朱建東等譯,《西洋通史》,臺北:五南圖書出版社,1991 年。

劉增泉譯,《簡明西洋上古史》,臺北:國立編譯館,1997 年。

劉增泉,《西洋上古史》,臺北:五南圖書出版社,2002 年。

陳驥譯,《西洋通史》,臺北:九思文化事業,1985 年。

翟國瑾譯,《世界通史》,臺北:黎明文化公司,1989 年。

外文部分

Austin, Michel & Vidal-Naquet, Pierre, *Économies et Sociétés en Grèce ancienne*, Paris: Armond Collin, 1996.

Caplan, Richard D., *Europe and the Recognition of New States in Yugoslavia*, Cambridge: Cambridge University Press, 2005.

Chamoux, François, *La civilisation grecque à l'epoque archaique classique*, Paris: Flammarion, 1983.

Colovas, Anthone C., *A Quick History of Modern Greece*, Baltimore: PublishAmerica, 2007.

Defrads, Jean, *La Grèce*, Paris: Bloud & Gay, 1963.

Finley, Moses, *Les premiers temps de la Grèce: l'age du bronze et l'époque archaique*, Paris: F. Maspero, 1973.

Flacelière, Robert, *Histoire littéraire de la Grèce*, Paris: Fayard, 1962.

Gallant, Thomas, *Modern Greece*, London: Hodder Headline, 2001.

Hatzfeld, Jean, *Histoire de la Grèce ancienne*, Paris: Payot, 1950.

Keser, Ulvi, *Kibrista Turk-Yunan Firtinasi (1940–1950–1960–1970)*, Istanbul: Bogazici Yayinlari, 2006.

Lévèque, Pierre, *L'aventure grecque*, Paris: Le Livre de Poche, 1997.

Martin, Roland & Metzger, Henri, *La religion grecque*, Paris: Presses universitaires de France, 1976.

Mossé, Claude, *La tyrannie dans la grèce antique*, Paris: Presses universitaires de France. 1969.

Nafpliotis, Alexandros, *Britain and the Greek Colonels: Accommodating the Junta in the Cold War*, London: I.B. Tauris, 2012.

Roussel, Pierre, *Sparte*, Paris: Editions de Boccard, 1960.

Will, Edouard, *Korinthiaka: researches sur l'histoire et la civilisation de Corinthe des origines aux querres médiques*, Paris: Editions de Boccard,1955.

Woodhouse, C.M., *Modern Greece*: A Short History, London: Faber & Faber, 1998.

Woodhouse, C.M., *The Rise and Fall of the Greek Colonels*, London: Grafton, 1985.

Ziegler, David, *War, Peace, and International Politics*, Harlow: Longman, 1997.

圖片出處：Araldo de Luca/CORBIS: 31、32；Bettemann/CORBIS: 65；Gail Mooney/CORBIS: 3；Gianni Dagli Orti/CORBIS: 1；Hulton-Deutch Collection/CORBIS: 64；Shutterstock 圖庫網：4、5、6、7、10、11、12、13、15、20、21、23、24、25、28、34、41、42、43、44、48；Wikipedia: 14、17、26、27、29、30、37、38、39、45、46、47、49、50、51、52、54、55、57、58、59、60、61、62、63。

在字裡行間旅行，

實現您 周遊列國 的夢想

國別史叢書

國別史叢書

智利史——山海環繞的絲帶國

讓我們在智利的土地上跳舞／……／這片土地有最翠綠的果園／最金黃的麥田／與最紅的葡萄園／踏上去似糖如蜜！——智利詩人米斯特拉

越過大山大海的限制、走出極權統治的陰影，
看智利如何從世界邊緣走向拉美強國。

丹麥史——航向新世紀的童話王國

全球最幸福國家不是一天內打造出來的！這個童話國度裡有全歐洲最開明的王室、勇敢追求改革的文人、還有積極擁抱創新的人民，讓我們一窺丹麥人如何攜手面對種種時代風潮，建立人人稱羨的幸福王國。

法國史——自由與浪漫的激情演繹

法國，她優雅高貴的身影總是令世人著迷，她從西歐小國逐漸成長茁壯，締造出日後舉足輕重的地位。在瑰麗的羅浮宮、不可一世的拿破崙之外，更擁有足以影響世界的歷史與文化成就。

西班牙史——首開殖民美洲的國家

大航海時代的海上強權——西班牙，締造了傲人的日不落國，也將王國帶入前所未有的輝煌。在時代的轉移下，經歷高潮、低盪、君權和獨裁，今日的西班牙，終於走出一條民主之路。

尼泊爾史──雪峰之側的古老國度

一聲劃破天際的槍響,改變了尼泊爾的命運。

千年歷史的古國,該如何迎向新生?

本書不僅梳理尼泊爾悠遠的歷史,也從地理環境、氣候、節慶、產業等角度敘寫,期盼帶領讀者揭開這個南亞小國的神祕面紗。

阿富汗史──戰爭與貧困蹂躪的國家

歷經異族入侵、列強覬覦,阿富汗人民建立民族國家,在大國夾縫中求生,展現堅韌的生命力。

然而內戰又使阿富汗陷於貧困與分裂,戰火轟隆下,傷痕累累的阿富汗該如何擺脫陰影,重獲新生?

伊朗史──創造世界局勢的國家

曾是「世界中心」的伊朗,如今卻轉變成負面印象的代名詞,以西方為主體的觀點淹沒了伊朗的聲音。本書嘗試站在伊朗的角度,重新思考那些我們習以為常的觀念與說法,深入介紹伊朗的歷史、文化、政治發展。伊朗的發展史,值得所有關心國際變化的讀者深入閱讀。

土耳其史──歐亞十字路口上的國家

在伊斯蘭色彩的揮灑下,土耳其總有一種東方式的神祕感;強盛的國力創造出充滿活力的燦爛文明,特殊的位置則為她帶來多舛的境遇。且看她如何在內憂外患下,蛻變新生,迎向新時代的來臨。

國別史叢書

約旦史——一脈相承的王國

位處於非、亞交通要道上的約旦,先後經歷多個政權更替,近代更成為以色列及阿拉伯地區衝突的前沿地帶。本書將介紹約旦地區的滄桑巨變,並一窺二十世紀初建立的約旦王國,如何在四代國王的帶領下,在混亂的中東情勢中求生存的傳奇經歷。

埃及史——神祕與驚奇的古國

溫和的尼羅河為埃及帶來豐沛的水源,孕育出埃及璀璨的上古文明。近代以來,埃及為對抗外來勢力的侵略,建立起民族獨立國家,並致力於現代化。本書以通俗易懂的文字描述埃及歷史文明的演進、主流文化與特色,帶你一探埃及的過去和現在。

奈及利亞史——分崩離析的西非古國

奈及利亞,這個被「創造」出來的國家,是歐洲帝國主義影響下的歷史遺緒,自此造成了其難以翻轉的厄運。國內族群多元且紛雜,無法形塑國家認同、凝聚團結意識;加上政治崩壞、經濟利益瓜分不均,使得內戰不斷、瀕臨分崩離析的局面。今日的奈及利亞,如何擺脫泥沼,重展非洲雄鷹之姿,仍需歷經重重難關的考驗。

印尼史——異中求同的海上神鷹

印尼是一個多元、複雜的國家—不論在地理或人文上都是如此。印尼國徽中,神鷹腳下牢牢地抓住"Bhinneka Tunggal Ika"一句古爪哇用語,意為「形體雖異,本質卻一」,也就是「異中求同」的意思。它似乎是這個國家最佳的寫照:掙扎在求同與存異之間,以期鞏固這個民族國家。

阿拉伯半島史——伊斯蘭的崛起與地緣爭霸

阿拉伯半島,自古以來不僅是中西方交流的重要中介地,更是香料貿易的產地,作者以地理環境、氣候及物產交織建構出一個立體的阿拉伯地域,更藉由諸如貝都因在沙漠帳篷的游牧生活、定居民在高聳黃土建築的城鎮生活等,帶我們深入了解最為傳統的阿拉伯面貌。

捷克史——波希米亞的傳奇

位處歐洲心臟地帶的捷克,深受日耳曼和拉丁文化勢力的影響,也是傳統歐洲與斯拉夫世界的橋樑。二次大戰後捷克陷於蘇聯的鐵幕之下,1968年的布拉格之春喚起捷克沉睡的靈魂,而1989年的絲絨革命,終為捷克的民主化開啟新頁。

烏克蘭史——西方的梁山泊

地處歐亞大陸交界的烏克蘭,歷史發展過程中不斷受到周遭勢力的掌控,但崇尚自由的他們始終堅持著民族精神與強鄰對抗。蘇聯解體後,烏克蘭終於獨立,但前途仍然一片荊棘,且看他們如何捍衛自由,朝向光明的未來邁進。

波蘭史——譜寫悲壯樂章的民族

十八世紀後期波蘭被強鄰三度瓜分,波蘭之所以能復國,正顯示波蘭文化自強不息的生命力。二十世紀「團結工會」推動波蘭和平改革,又為東歐國家民主化揭開序幕。波蘭的發展與歐洲歷史緊密相連,欲了解歐洲,應先對波蘭有所認識。

奧地利史——藍色多瑙國度的興衰與重生

奧地利有著令世人屏息的絕美風光,音樂、藝術上更有登峰造極的傲人成就。這個位處「歐洲心臟」的國家,與德意志世界有著千絲萬縷的糾葛,其波瀾壯闊的歷史發展,造就了奧地利的璀璨與滄桑。讓我們嘗一口香甜濃郁的巧克力,聽一曲氣勢磅礴的交響樂,在阿爾卑斯山環繞的絕色美景中,神遊奧地利的古往今來。

澳大利亞史——古大陸・新國度

懸於大洋中的古澳大利亞大陸,長年與世隔絕,有著豐富的奇特物種、壯闊的山河土地。自十七世紀伊始,遙遠彼端的歐洲人、相去不遠的亞洲人,逐步至此建立家園,打造出如南十字星般耀眼的嶄新國度。

紐西蘭史——白雲仙境・世外桃源

對於紐西蘭,我們知曉南島的山川峽灣,如匠人般勾勒出壯闊的山巒天際;北島的火山地景,隨人在瞭望中任憑想像馳騁。其人文歷史,就有如白雲仙境之霧,在迷濛中不被世人所知。殖民統治下的歷史痕跡、多元族群間的衝突融合,這座落於地球南端的世外桃源,還有待人們細細探尋!

南斯拉夫史——巴爾幹國家的合與分

眾所皆知巴爾幹半島素有「歐洲火藥庫」之稱,可是您知道該地宗教、民族、政治之間錯綜複雜的關係嗎?此書將帶您了解巴爾幹國家分分合合的原因與過程。

韓國史——悲劇的循環與宿命

位居東亞大陸與海洋的交接，注定了韓國命運的多舛，在中日兩國的股掌中輾轉，經歷戰亂的波及。然而國家的困窘，卻塑造了堅毅的民族性，愈挫愈勇，也為韓國打開另一扇新世紀之窗。

越南史——堅毅不屈的半島之龍

龍是越南祖先的形象化身，代表美好、神聖的意義。這些特質彷彿也存在越南人民的靈魂中，使其永不屈服於強權與失敗，總能一次又一次的挺過難關，期盼就像是潛伏大地的龍，終有飛昇入天的一日。

以色列史——改變西亞局勢的國家

本書聚焦於古代與現代以色列兩大階段的歷史發展，除了以不同角度呈現《聖經》中猶太人的歷史及耶穌行跡之外，也對現代以色列建國之後的阿以關係，有著細膩而深入的探討。

匈牙利史——一個來自於亞洲的民族

匈牙利，這個坐落在中歐的內陸國家，風景秀麗宜人，文化資產豐富，首都布達佩斯更被美譽為「多瑙河畔的珍珠」，散發出絢爛奪目的光芒。想更深入了解這個令人神迷的國度嗎？《匈牙利史》說給你聽！

墨西哥史——仙人掌王國

馬雅和阿茲特克文明的燦爛富庶,成為歐洲人夢寐以求的「黃金國」,然而貪婪之心和宗教狂熱蒙蔽了歐洲人的雙眼,古老的印第安王國慘遭荼毒,淪為異族壓榨的工具,直至今日,身為強大美國的鄰居,墨西哥要如何蛻變新生,請拭目以待。

秘魯史——太陽的子民

提起秘魯,便令人不得不想起神祕的古印加帝國。曾有人說,印加帝國是外星人的傑作,您相信嗎?本書將為您揭開印加帝國的奧祕,及秘魯從古至今豐富的文化內涵及歷史變遷。

南非史——彩虹之國

南非經歷了長久的帝國殖民與種族隔離後,終於在1990年代終結不平等制度,完成民主轉型。雖然南非一路走來如同好望角的舊稱「風暴角」般充滿狂風暴雨,但南非人期待雨後天晴的日子到來,用自由平等照耀出曼德拉、屠圖等人所祈願的「彩虹之國」。

美國史——移民之邦的夢想與現實

「五月花號」迎風揚帆,帶來了追求自由的移民,獨立戰爭的槍響,締造了美利堅合眾國。西進運動、大陸領土擴張、南北戰爭,乃至進步主義與新政改革,一幕幕扣人心弦的歷史大戲在北美廣袤的大地上競相演出。

德國史——中歐強權的起伏

自統一建國,至主導歐洲外交,甚而挑起世界大戰,在近現代的歐洲舞臺,德國絕對是凝聚焦點的主角,在一次次的蟄伏和崛起中,顯現超凡的毅力與韌性。

阿根廷史——探戈的故鄉

阿根廷文化兼具南歐的浪漫風情與印第安的熱情奔放,滿街可見大跳探戈,爭踢足球的男女老少。但歡樂的背後,是帝國殖民無情的壓榨。十九世紀獨立以來,文人將領交相掌權,政權更迭頻繁,民眾亦苦不堪言,多番走上街頭抗議不法。且看樂觀開朗的阿根廷人如何擺脫困窘,舞出璀璨的未來。

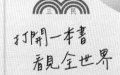

國家圖書館出版品預行編目資料

希臘史：歐洲文明的起源／劉增泉編著.－－增訂三
版一刷.－－臺北市：三民，2023
　　面；　公分.－－（國別史叢書）

　　ISBN 978-957-14-7550-9 （平裝）
　　1. 古希臘 2. 希臘史

740.212　　　　　　　　　　　　　111016733

国別史

希臘史──歐洲文明的起源

編 著 者	劉增泉
發 行 人	劉振強
出 版 者	三民書局股份有限公司
地　　址	臺北市復興北路 386 號 (復北門市)
	臺北市重慶南路一段 61 號 (重南門市)
電　　話	(02)25006600
網　　址	三民網路書店 https://www.sanmin.com.tw
出版日期	初版一刷 2003 年 7 月
	增訂二版二刷 2017 年 1 月
	增訂三版一刷 2023 年 1 月
書籍編號	S740320
I S B N	978-957-14-7550-9

三民書局